教育部人文社科青年基金项目"农民工流动对子代社会流动
（15YJC840041）成果

国家民委重点学科社会学一级学科建设项目

CHILDREN OF MIGRANT WORKERS

A Study of the Impact of Migration on Children's
Cognitive Development

农民工的孩子们

流动对儿童认知发展的影响研究

■ 闫伯汉　著

科学出版社

北　京

内 容 简 介

城镇化背景下，大规模的农村人口向城市迁移流动，逐渐形成了一个不同于农民和城市人的新阶层——农民工。由于农民工的规模庞大及其相对弱势的阶层地位，其子女的成长发展问题逐渐成为社会政策研究、儿童发展研究的重要议题。

本书聚焦于儿童的发展认知，在梳理有关认知与阶层关系、流动对认知影响效应文献的基础上，通过对中国城镇化与劳动移民调查数据的实证分析，探索性地回答了乡城流动对农民工子女认知发展的影响效应问题及这种影响与阶层限制的关系问题。同时，借鉴国内外促进弱势阶层子女成长发展的实践经验与研究成果，探索适合中国国情的促进不同阶层，特别是农民工阶层子女认知水平发展从而实现向上流动的有效途径。

本书适合于从事社会分层与流动、儿童发展研究的专业人士阅读，关注农民工子女成长发展状况的各方人士亦可参考阅读。

图书在版编目（CIP）数据

农民工的孩子们：流动对儿童认知发展的影响研究 / 闫伯汉著. —北京：科学出版社，2018.3

ISBN 978-7-03-055925-8

Ⅰ.①农⋯ Ⅱ.①闫⋯ Ⅲ.①民工-职工子女-研究-中国 Ⅳ.①D422.6

中国版本图书馆 CIP 数据核字（2017）第 308967 号

责任编辑：付 艳 苏利德 / 责任校对：何艳萍
责任印制：张克忠 / 封面设计：润一文化
编辑部电话：010-64033934
E-mail: edu_psy@mail.sciencep.com

科 学 出 版 社 出版
北京东黄城根北街 16 号
邮政编码：100717
http://www.sciencep.com
新科印刷有限公司 印刷
科学出版社发行 各地新华书店经销

*

2018 年 3 月第 一 版 开本：720×1000 B5
2018 年 3 月第一次印刷 印张：12 1/2
字数：205 000
定价：79.00 元

（如有印装质量问题，我社负责调换）

前　言

　　农民工子女问题始于 20 世纪八九十年代，是在中国市场化、工业化、城镇化等社会转型大背景下，大规模的农村人口向城镇迁徙、流动所引发的一个社会问题。已有农民工流动对子女成长发展的影响研究，多分别聚焦于留守与流动儿童，倾向于从儿童成长的角度将亲子分离看作留守儿童问题的实质，并通过"留守—农村非留守"儿童的比较，将留守儿童的不良表现，归因于父母外出务工导致的亲子分离；对于流动儿童，研究更多地通过与城市本地儿童的比较强调其在城市所遭遇的种种不公平待遇。这种做法普遍存在以下不足：

　　1）对内生性问题重视不够，导致无法获知流动的确切效应。

　　2）参照群体的选择存在问题，导致无法完整地把握流动的影响效应。

　　3）分析结论仅局限于流动效应之正负，缺乏对影响机制的探究，特别是缺乏将流动效应分析纳入阶层再生产或社会流动视角来进一步研究乡城流动可能对农民工阶层子女社会地位改变或社会流动基础建立的影响，导致对乡城流动影响儿童发展问题的把握一直停留在流动效应正负的争论上，而对更为深入重要的问题——"乡城流动—儿童成长发展—阶层限制"关系的探讨则付之阙如。

　　除此之外，已有的关于农民工子女问题的文献往往集中于学校教育特别是义务教育阶段，缺乏对农民工子女生活的更广泛的社会空间或社会生态系统的关注，缺乏关于规模庞大的学前农民工子女的研究，也缺乏对农民工阶层抗争努力的重视，忽视了部分农民工克服在城市生活、工作的种种困难，坚持让子女就读比流出地质量更优的城镇学校，并重视对子女言传身教、发展投资的努力以促进其成长的事实。

本书利用一个全国性的关于中国内部迁移对儿童成长发展影响的系统抽样调查项目——"中国城镇化与劳动移民研究"数据，以儿童认知发展水平为研究对象，以阶层再生产理论为分析视角，并基于认知发展理论来探讨农民工流动对子女认知发展的影响效应及机制过程。

根据户籍与居住地，本书将儿童划分为留守儿童、农村非留守儿童、流动儿童和城市本地儿童四个基本类型。实证研究首先通过方差分析的方法检验了各类儿童的语文、数学与英语认知水平差异；然后，采用倾向值匹配方法分析了父母外出工作对留守儿童认知发展影响的净效应，及跟随父母乡城迁移对流动儿童认知发展影响的净效应；随后，以多元回归模型方法，针对学前和学龄两个儿童群体分析了其认知发展的影响因素。主要研究发现如下：

1）相比生活于城市的儿童，生活于农村的留守与非留守儿童的认知水平较低。这主要归因于农村儿童家庭贫乏的文化资本、经济资本，子女数较多的家庭结构，以及较低的学前教育接受率或就读学校质量的低下。

2）相比生活于农村的儿童，流动儿童拥有更高的认知水平。一方面，流动儿童相对较好的家庭背景为认知发展提供了实质性帮助；另一方面，乡城迁移通过"转校""改变认知刺激环境"等机制促进流动儿童的认知发展。家庭、学校与乡城迁移的共同作用，为流动儿童的社会流动基础的建立提供着重要的帮助。

3）相较城市各阶层子女，流动儿童的认知水平显著较低。原因为受制于农民工阶层的境遇，"流动"带给其子女的各类"认知收益"是有限的，难以打破阶层对认知发展的限制。

4）从子女的认知水平来看，农民工阶层有着较为明显的分化：跟随迁移的农民工阶层子女的认知水平显著高于留守在家的农民工阶层子女。由于认知能力是社会流动的重要机制，可以预见，跟随迁移的农民工阶层子女更可能摆脱父辈命运，实现向上的流动，虽然流动的程度可能有限；相反，留守在家的农民工子女更可能重蹈父辈的命运，发生阶层再生产。

目　录

第一章 导 论

第一节 研 究 问 题

20 世纪 80 年代，乡镇工业进程启动了中国劳动力流动的加速发展历史。进入 90 年代，随着城市市场化改革的深入、工业化过程的升级和扩展，"民工潮"年复一年地涌动，农村劳动力稳定地、大规模地向城镇、沿海及周边更发达地区流动。时至今日，这一流动仍呈现增长的趋势，国家统计局发布的数据（表 1-1）显示，2010 年以来，农民工总量持续增加（虽然增速有继续回落之势），至 2015 年已达 2.77 亿人，其中外出农民工 1.68 亿人，占比 60.8%。外出农民工的大部分属于"住户中外出农民工"，即"非家庭迁移农民工"。以 2014 年为例，举家外出农民工的比例仅占 21.3%。这意味着，在未成年子女随迁问题上，仅有少部分农民工选择将子女带在身边，更多的农民工则由于收入低、住房差、工作忙且工作时间长、所在城市就学困难、考试升学限制等诸多现实问题，不得不把子女留在农村，形成了亲子分离的局面。跟随父母迁移且户籍仍留在农村的未成年子女，通常被称为农村流动儿童；因父母双方或之一外出务工经商，而留守农村的未成年子女，习惯被称作农村留守儿童。流动儿童与留守儿童统称为外出农民工子女，简称农民工子女。

表 1-1　农民工规模　　　　　　　　（单位：万人）

指标	2010 年	2011 年	2012 年	2013 年	2014 年	2015 年
农民工总量	24 223	25 278	26 261	26 894	27 395	27 747
外出农民工	15 335	15 863	16 336	16 610	16 821	16 884
住户中外出农民工	12 264	12 584	12 961	13 085	13 243	
举家外出农民工	3 071	3 279	3 375	3 525	3 578	
本地农民工	8 888	9 415	9 925	10 284	10 574	10 863

资料来源：国家统计局. 2015-04-29. 2014 年全国农民工监测调查报告. http://www.stats.gov.cn/tjsj/zxfb/201504/t20150429_797821.html；国家统计局. 2016-04-28. 2015 年农民工监测调查报告. http://www.stats.gov.cn/tjsj/zxfb/201604/t20160428_1349713.html

随着外出农民工规模的持续扩大，留守儿童与流动儿童的数量也在不断增加。"2000 年第五次全国人口普查"（以下简称"五普"）、"2010 年第六次全国人口普查"（以下简称"六普"）数据（表 1-2）显示，2000 年至 2010 年，农村留守儿童的数量由 2390 万人剧增至 6103 万人，占全国儿童总量的比重由 8.4%升至 21.9%；城镇流动儿童的数量由 1406 万人增至 2880 万人，占比由 4.9%升至 10.3%。两群体规模近 9000 万人，占全国儿童总量的 32.2%。也就是说，中国每 3 名儿童中就有 1 名为农民工子女。

表 1-2　我国儿童的构成

儿童类型	2010 年		2000 年	
	规模/万人	百分比/%	规模/万人	百分比/%
农村留守儿童	6 103	21.9	2 390	8.4
农村非留守儿童	9 297	33.3	17 614	61.9
城镇流动儿童	2 880	10.3	1 406	4.9
城镇儿童	9 620	34.5	7 046	24.8
合计	27 900	100	28 456	100

注：儿童年龄界定为 0～17 岁。城镇流动儿童即农村户籍流动儿童，城镇户籍的流动儿童、城镇户籍的留守儿童被归入城镇儿童。

资料来源：依据"五普"和"六普"资料计算（段成荣，吕利丹，王宗萍，2014）。

规模如此庞大的农村人口的迁移流动，将注定成为当前中国社会宏大历史进程中的一个核心部分。更为重要的是，现阶段的中国，农民工群体已呈现出明显的阶层化特征（王春光，2005），这一阶层受到各种结构性因素的束缚，生存境遇堪忧，是一个公认的弱势阶层。因而作为这一弱势群体的子女，留守儿童与流动儿童的生存、发展及命运也引起了国内外研究人员广泛、细致而深入的关注和探讨。

农民工流动与子女的成长发展有何关系？相比于其他阶层，农民工阶层子女的发展状况如何？其群体内部又发生了怎样的分化？

如果流动对儿童的成长发展有影响的话，是正面影响、负面效应，还是兼而有之？其作用的机制是什么？亲子分离引发的家庭结构变化、监护人变换，是否必然对留守儿童的成长发展产生不利影响？家庭收入增加等产生的正向效应是否能，以及会在何种程度上抵消父母缺失可能带来的消极影响？

就留守儿童来说，一个明显的事实是，虽然他们不乏在学业、心理、行为等方面有诸多不良表现，但也有许多留守儿童学习优良、自信向上、生活自理能力强。那么，那些经常被人们提及的"留守儿童问题"是真实的，抑或仅仅是社会与学界建构的？其他类型的农村儿童是否也存在同样的问题？是否存在被夸大的嫌疑？

与留守儿童相比，流动儿童面对的社会生态环境截然不同，虽然有父母陪伴、学校教育质量提升等积极因素，但要面对原有支持系统基本断裂，以及制度环境、社区环境、学校环境与同伴群体变化的挑战，还要面临入学、就医、社会保障等方面的歧视和困难，这些因素对流动儿童成长发展的综合效应如何？

已有的诸多研究发现，无论是留守儿童还是流动儿童都处于多种不利的结构因素之中，向上流动受到强力阻滞，虽奋力挣扎，但往往无法摆脱成为明日农民工的阶层再生产命运。若真如此，农民工子女重蹈父辈命运即再生产的机制和过程是什么？留守儿童与流动儿童的再生产机制是否存在差异，又有何差异？对于当前的中国而言，弱势群体实现从阶层再生产到向上社会流动的转变无疑困难重重，但是否存在消减农民工流动对子女成长发展负面影响从而推动其向上社会流动的可能性？倘若存在这种可能性，那么现实的可供选择的路径又是什么？

显然，对上述问题的回答需要建立在对包括农民工子女在内的中国不同阶层子女成长发展状况的实际调查与群体比较的基础之上，而要厘清和回答上述诸多问题，也并非一日之功，一文之效。但笔者认为，儿童发展中一个最为重要的方面是认知能力的发展，甚至可以说认知能力是儿童向上流动的基础。虽然关于认知的理论充满矛盾和争论，但主要的方面大家是有共识的，也就是认知环境和刺激的变化将导致认知水平的差异。正是农村人口的流动和迁移，给他们的子女带来了种种变化的认知环境和条件。本书将着重探讨的问题便是，在当前宏阔的城镇化背景下，数以亿计的农村人口向城市流动引发的认知环境变化可能对留守与流动儿童认知发展的冲击和改变；人们针对一个稳定的社会环境中儿童能力发展的影响因素，如制度条件、学校、社区、同辈群体、家庭背景和阶层境遇等的诸多研究结论，是否会因为且仅仅因为"农村人口迁移流动"而发生改变。

从阶层的视角看，农民、农民工阶层相比城市各阶层整体上显然处于明显的弱势地位。本书也关注父辈的阶层地位是否映射于子代的认知能力，儿童所属阶层是否限制及怎样限制了认知能力的发展，以及一些重要的社会变迁事件（如从乡到城流动）能否对农民工阶层子女的认知能力产生实质性特别是突破阶层限制的影响。

第二节　研究目的与研究意义

一、研究目的

当前的中国，贫富分化有日趋严重之势，阶层固化现象明显，弱势阶层向上流动困难重重。阶层固化、社会流动渠道受阻，是社会矛盾滋生的重要因素，对社会的正常运行、和谐发展、社会治理都带来了严峻的挑战。农民工阶层作为公认的弱势阶层，其子女的命运将会怎样？是否必然重蹈父辈之命运？是否存在切实可行的策略、措施促进包括农民工子女在内的弱势阶层向上的流动？

本书的目的在于，聚焦农民工阶层子女，以再生产理论与认知发展理论为视角，以认知能力为切入点，通过系统的群体比较考察农民工流动对子女成长发展的影响效应及机制过程；同时，借鉴国内外促进弱势阶层子女成长发展的实践经验与研究成果，探索适应中国国情的促进不同阶层，特别是农村转移人口家庭儿童认知水平发展，从而实现向上流动的有效途径。

二、研究意义

在现代社会，教育对个体社会经济地位的获得至关重要；那些获得了教育机会，特别是获取了优质教育资源的人，总是能够在竞争中处于有利位置，从而走在最前面（Deng and Treiman, 1997）。然而，教育获得从来都充满了不平等，并且不平等的形式也往往表现不同。当学校教育资源稀缺时，不平等表现在教育机会的分配上，当教育机会供给达到饱和时，不平等就不再表现为能否获得教育机会，而是突出表现为对优质教育资源的获取。先赋性因素、后致性因素都会影响优质教育资源的获取，但相较而言，以非集体性排他的"后致"能力作为获取教育资源的标准更易为大众接受，也更契合机会均等、公平竞争的现代社会游戏规则。而且，随着社会平等化进程，教育选拔机制中以能力为标准的贤能主义（meritocracy）[①]原则将越来越占据主导地位，这样，教育获得的不平等将主要由能力分化造成，个人能力成为教育获得的关键。这样，"教育获得""认知能力"与"阶层地位"之间呈现出"认知能力—教育获得—阶层地位"的关系，即认知能力影响教育获得，教育获得影响最终的社会地位，认知能力成了阶层再生产或社会流动的重要中介机制。许多实证研究结论都支持了这一论断。认知能力在个体的生命历程中具有如此重要的作用，研究哪些因素特别是哪些社会因素促进了儿童认知能力的分化，无疑具有重要的理论与实践意义。

目前的中国，城镇化建设如火如荼，2015年中国的城镇化率已达56.10%，但统计数据掩盖不了基本的事实：一方面，大规模农民工群体的城镇化，往往是家庭中部分劳动力（全国农民工监测调查报告中的"住户中外出农民工"）的迁移，并非完整家庭的城镇化，它造成了孩子留守乡村的亲子分离局面；另一方面，部分农民工将孩子带入务工城市，但这些孩子可能面临边缘化的挑战。农民工群体属于弱势群体，其子女可以利用的资源有限，在这样的阶层境遇条件下，亲子分离或环境变换又怎样影响了子女的认知能力？对这一问题的认识有助于探寻改变农民工子女阶层再生产命运的途径，促进这一弱势群体向上的社会流动，从而推动中国现代化社会结构的形成及和谐社会的实现。因此，研究该问题具有重大的现实意义。

理论上，由于中国农民工迁移与跨国移民甚至外国内部人口流动有着明

---

① 也被翻译为"绩效主义"。

显的不同，因此，中国背景下的流动对子女成长发展影响的模式可能有别于国外的模式，对该问题的研究可以丰富有关地域流动、职业流动、阶层流动与认知发展、能力获得的相关理论。已有关于中国农民工子女的研究往往局限于若干区域范围，局限于单一群体，缺乏全国范围内研究，缺乏不同类型群体的系统比较分析。从此意义上讲，本书不但充实了农民工子女问题的研究成果，而且研究的结论可以推广到更大的范围。已有从再生产视角对农民工子女进行的研究，不仅存在样本选择问题，还存在由于缺乏系统的群体比较视角而无法排除重要混淆变量影响的问题。更为重要的是，分析的焦点往往集中于学校教育，缺乏对农民工子女生活的更广泛的社会空间或社会生态系统的关注，也缺乏对农民工阶层抗争努力的重视，忽视了部分农民工克服在城市生活居住的种种困难，坚持让子女就读比流出地质量更优的城镇学校，并十分重视对子女的言传身教、发展投资的努力以促进子女实现向上流动的事实。因此，本书以阶层再生产或社会流动视角将农民、农民工阶层在整体社会中的地位纳入儿童认知发展的分析框架中，探讨迁移流动对子代认知影响及这一影响的阶层限制性因素或制约条件。中国的实践经验或许可以对阶层再生产理论进行丰富重构。

另外，本书使用的中国儿童认知能力评估工具是综合已有认知理论，借鉴国际公认成功的认知测量工具设计而成的。如果将之大规模应用于中国儿童群体，测量的结果一定能够反映中国儿童认知能力状况的某些重要特征；而关于流动与儿童认知能力关系的分析也会为认知发展规律的探索做出贡献。

第三节　研究思路与研究方法

一、研究思路

为回答核心研究问题——乡城流动对农民工阶层子女认知发展的影响效应与影响机制——本书主要采用实证研究和理论分析相结合的研究策略：一方面利用已有研究资料、数据资料特别是"中国城镇化与劳动移民研究"资料，分析流动对儿童发展的影响；另一方面，在分析的过程中注意与相关理论的结合，阶层再生产理论、社会流动理论、认知发展理论是本书的核心理论。

本书的实证分析可以被认为是儿童认知发展研究领域的一个探索。已有的儿童认知发展研究，缺乏对"流动""迁移"因素对儿童认知能力冲击、改变的探讨，本书试图在原有儿童认知发展理论的基础上，加入"农村人口的迁移和流动"这一因素，考察儿童认知发展水平的变动。在我们看来，"农村人口的迁移和流动"对子代认知发展的影响，主要是改变了认知主体不同方面的认知环境，包括：①就流动儿童而言，随父母流动到新的环境后，学校、社区（由农村转变为城镇）、同辈群体、城市信息体系等各类认知刺激发生的改变，家庭环境的变化及父母对子女教育期望和养育方式的变化等；②就留守儿童而言，重要的环境差异是家庭结构和养育方式的变化，以及因为父母外出谋生可能带来的家庭社会经济条件的改变。

为了厘清上述认知环境的变动所产生的认知发展效应，本书使用群体比较分析策略，首先根据儿童的户籍和主要生活居住地将之分为留守儿童、农村非留守儿童、流动儿童与城市本地儿童四个群体（从阶层划分上看，四个儿童群体分属三个阶层，农村非留守儿童属于农民阶层，留守儿童与流动儿童属于农民工阶层，城市本地儿童属于城市各阶层），两两组合比较并检验其在语文、数学与英语认知分数上的差异，重点关注留守儿童—农村非留守儿童、流动儿童—留守儿童、流动儿童—农村非留守儿童、流动儿童—城市本地儿童的认知差异。其次，探讨不同类型儿童认知差异的原因，特别注重分析农民工流动对留守儿童、流动儿童认知能力的影响效应，在此基础上回答究竟是留守还是随迁对农民工子女的认知发展更为有益的问题。之后，分学前与学龄两个阶段，从儿童成长的生态环境（地区、社区、家庭、学校、同辈群体）及自身因素分析影响儿童认知获得的重要因素，并重点关注留守儿童、流动儿童在这些影响认知发展的重要因素特征上的分布状况，以此探讨农村人口迁移流动对留守儿童、流动儿童认知发展影响的机制和过程，所属阶层的境遇条件对儿童认知发展的约制，并在流动效应分析及流动效应与阶层限制关系的探析中预判农民工阶层子女以后可能的成长路径——阶层再生产或向上的社会流动。

理论探讨上，本书试图将农村人口迁移流动对未成年子女认知发展的影响纳入社会分层与流动的研究视野中加以讨论。代际流动研究的一些基本结论，如"FJH 假设"①认为，在一个以核心家庭为主体的工业化社会中，代际流动主要体现为代际继承和近距离流动，换言之，社会阶层之再生产是代际流动中更为明显的色彩（Featherman et al., 1975）。阐述社会再生产机制、过程的理论流派十分庞杂，但都坚持认为，就一个较为稳定的统治秩序中的代际流动而言，无论何种重要的社会变迁，都很难影响优势阶层与劣势阶层之间的相对位置。本书即以阶层再生产这一理论视角来理解当前农村人口迁移流动对子女认知发展的影响，充分考虑农民、农民工阶层的境遇条件，探讨农民工子女生命历程中重要的社会变迁事件——乡城流动②对其认知发展的影响，以及这一影响发生的阶层限制性因素或制约条件。最后，本书还将借鉴国外研究经验，总结我国在此方面的种种努力措施，探索消减农民工流动对子女成长发展负面影响，进而实现其向上流动的可行策略。

二、研究方法

本书主要采用的研究方法有问卷调查法和系统的群体比较法。

（一）问卷调查法

"中国城镇化与劳动移民研究"是由清华大学中国经济社会数据中心开展的一项综合性、全国性的大型抽样调查，也是一个全国性的关于中国内部迁移对儿童成长发展影响的系统研究项目。该项目采用重复抽样、双样本设计方式，在全国 28 个省级行政单位 147 个区/县中抽取 500 个村/居，再抽取家庭户，再在家庭户中随机抽取一位家庭成员作为调查对象，同时，该家庭户中 0~15 岁儿童及主要看护人也成为调查对象。调查以面对面问卷访谈的方式收集资料，调查问卷由村居社区问卷、城镇化与劳动移民问卷、儿童模块问卷构成。

儿童模块问卷的设计者围绕中国内部迁移对儿童成长发展的影响这一主题进行相关问卷问题的设置，主要关注儿童成长发展的环境（看护人、家庭、学校、同辈群体、社区等）及其变动与儿童成长的关系。

本书使用的数据主要来自儿童模块问卷中的主要看护人问卷、儿童能力

---

① 即 Featherman-Jones-Hauser hypothesis。

② 对留守儿童而言，是农民工父母的流动；对流动儿童而言，是自身参与的跟随农民工父母的流动。

测验。儿童能力测验由相关领域的专家设计，具有较高的信度与效度。测验包括语文、数学和英语三个分测验，适用于 3～15 岁儿童，测验对象被分为 3～6 岁、7～8 岁、9～12 岁与 13～15 岁四个年龄组，每个年龄组都有对应的评估内容，其中英语测试仅适用于年龄较大的两个年龄组。

（二）系统的群体比较法

为了厘清从乡到城的流动对农民工子女认知发展的影响效应，研究区分了四个不同类型的儿童群体：留守儿童、流动儿童、农村非留守儿童、城市本地儿童（从阶层上可分为三类：农民阶层儿童、农民工阶层儿童、城市各阶层儿童）。考虑到已有农民工子女研究对参照群体的选择与内生性问题的处理存在不足，本书引入了处理内生性问题、消除混淆变量选择性误差的倾向值匹配方法，在此基础上，进行了留守儿童—农村非留守儿童、流动儿童—留守儿童、流动儿童—农村非留守儿童，以及流动儿童—城市本地儿童的系统组合比较。

本书采用的数据分析软件为 SPSS 20.0 和 STATA 12.0。具体分析时采用的技术如下。

为检验不同类型儿童认知水平差异的系统性，进行了方差分析；为建立留守或流动选型性模型，进行了 logit 回归；为寻找处理组理想的"反事实"，进行了倾向值匹配，并通过概率密度分布图、方差分析与卡方分析方法检验了匹配后样本的平衡性；最后用多元线性回归模型分别分析了学前与学龄儿童认知发展的影响因素。

第四节　基本结论与创新之处

一、基本结论

本书的主要发现为：在留守、农村非留守、流动与城市本地儿童中，生活于农村的留守与非留守儿童的认知水平较低，而相比生活在农村的儿童，流动儿童拥有更高的认知水平。父母外出务工经商与留守儿童的认知劣势并无显著的统计关系，这种劣势主要归因于留守儿童家庭贫乏的文化资本、经济资本，子女数较多的家庭结构，以及较低的学前教育接受率或就读学校质量的低下。家庭与学校条件的窘迫，使留守儿童未来的社会经济地位很可能只是重蹈父辈的命运。相比生活于农村的儿童，流动儿童相对较好的家庭背景为认知发展提供了实质性帮助；乡城迁移主要通过"转校"、改变认知刺激环境等机制促进流动儿童的认知发展。家庭、学校与乡城迁移的共同作用，为流动儿童向上社会流动基础的建立提供了重要的帮助。但是流动儿童的认知水平整体上仍低于城市儿童，这也说明，"流动"所带来的各类"认知收益"（如通过改变整体的文化环境、社区和学校条件等获得的认知水平的提高）仍然是有限的。相比城市儿童，这类儿童的认知发展仍然受到自身的社会阶层条件和境遇的限制，阶层对认知发展的限制难以打破。

将阶层划分为农民、农民工与城市各阶层，从子女的认知水平看，农民工阶层有着较为明显的分化：跟随迁移的农民工阶层子女的认知水平显著高于农民与留守在家的农民工阶层子女。由于认知能力是社会流动的重要机制，可以预见，跟随迁移的农民工阶层子女更可能摆脱父辈命运，实现向上的流动，虽然流动的程度可能有限；相反，留守在家的农民工子女更可能重蹈父辈的命运，发生阶层再生产。

二、创新之处

研究过程中，本书首先对农民工子女问题的研究历程进行了详细回顾，以比较的视角、动态的视角和阶层再生产视角述评了已有的农民工子女问题的相关研究。在既有研究的基础上，本书着重从如下几个方面做出了努力：

1）以社会再生产理论统合儿童认知发展水平之研究，将儿童认知水平的群体间差异纳入更广阔的社会阶层背景之中，考虑到农民工阶层在整体社会中的阶层位置，提出了"阶层限制或制约下的儿童认知发展"的理论观点。在这样的研究视角下，采用群体比较的研究策略，不仅考察了家庭背景、学校教育，同时也关注了农民工子女生活的更广泛的社会空间和生态环境（如制度背景、社区、同辈群体等）对认知的影响差异。

2）重视内生性问题的解决，引入消除混淆变量选择性误差的方法；重视对参照群体的选择与处理，通过群体比较得到了父母外出工作对留守子女认知发展影响的净效应、随父母乡城迁移对流动儿童认知发展影响的净效应。

3）分析不仅局限于乡城流动影响效应之正负，也有对影响机制的探讨，特别是将流动效应分析纳入阶层再生产或社会流动视角进一步研究乡城流动可能对农民工阶层子女社会地位改变或社会流动基础建立的影响，对更为深入重要的问题——"乡城流动—儿童成长发展—阶层限制"关系进行了探索性分析。

4）既关注父母缺失可能对留守儿童成长造成的负面影响，也看到了父母外出务工可能对留守儿童发展产生的积极作用。

5）发现了留守儿童的认知劣势并非由父母外出造成，而应归因于贫乏的家庭资源及学校教育；从农村到城市的流动能够促进儿童的认知发展，"转校"及伴随的学校质量的提升是主要的作用机制。

6）发现了"流动"所带来的各类"认知收益"的有限性，认知发展不过是阶层限制或制约之下的发展。

另外，不同于已有调查研究，本书还有以下特点：

1）使用的数据来自一个全国性的关于中国内部迁移对儿童的成长发展影响的抽样调查项目，本书是关于农民工子女的全国范围内深入、系统、专题性研究，代表性不存在问题。

2）调查使用统一有效的认知能力评估工具对不同类型儿童群体进行测量。已有研究的认知评估工具往往不统一（如不同年级、学校、地区学生的某次考试成绩），导致测量结果缺乏可比性，即使采取标准化测量结果的纠偏手段，仍无法有效克服由于测量不统一产生的偏误。本书将统一有效的认知能力评估工具应用于全国范围内大规模系统的抽样调查，使研究结果的代表性更好。

3）关注规模庞大的学龄前儿童。普查数据显示，农民工子女的年龄结构发生了明显变化，学前儿童的规模快速膨胀，而已有研究对这一群体关注不足。本书对学前儿童的成长发展状况进行了初步的描述，分析了影响这一群体认知发展的环境因素。

第二章　农民工子女问题研究综述

第一节　留守儿童与流动儿童的定义

一、留守儿童定义的分歧

虽然从外出父母数量、父母外出时间长度、孩子年龄三方面定义留守儿童是学术界的普遍做法，但不同研究在具体操作时却存在诸多分歧，这些分歧主要表现在以下几个方面。

（一）外出父母数量

父母一方外出（部分亲子分离）的孩子就算留守儿童，还是父母双方都外出（完全亲子分离）的孩子才算留守儿童？持后一种观点的研究者认为对儿童而言，父母单亲相伴或双亲相伴只是量的差别，而有没有父母陪伴则有质的不同，没有父母陪伴生活的儿童与有父母之一共同生活的儿童的成长环境是有显著差别的（刘志军，2008）。2016 年民政部、教育部、公安部在全国范围内联合开展的农村留守儿童摸底排查工作，从"父母双方外出务工，或一方外出务工另一方无监护能力"的角度界定留守儿童，其主要考量是：法律规定方面，《中华人民共和国民法通则》明确"未成年人的父母是未成年人的监护人"；现实中，父母一方外出务工而另一方只要具备监护能力，是能够履行监护责任、照料好未成年子女的，因此从这一角度界定留守儿童，符合法律规定和中国国情（民政部，2016）。

但是，从家庭社会化的角度看，父母之一的缺位，特别是母亲的缺位，会对儿童的健康状况、心理状况、依恋感、孤独感、德行、教育机会等方面造成显著影响（刘霞等，2007；贾勇宏，2008；杨菊华和段成荣，2008；范丽恒等，2009）。在此意义上，外出父母数量的差异只是留守模式的不同，而比较不同留守模式的儿童群体状况正是"留守儿童"研究领域的重要内容。因此，本书认为无论是处于"完全亲子分离"还是"部分亲子分离"状态的儿童，都应算作留守儿童。

（二）父母外出时间

在父母外出时间方面，研究者的共识是：亲子分离为留守儿童的特征之一，只有持续一定时间段的亲子分离才可能对儿童的成长发展造成影响。但在分离时间长度是以三个月、四个月、半年，还是一年进行划分上意见不一。有的研究者根据我国中小学生上学四个月为一学期的时间特点，建议界定留守儿童在流出地停留时间必须至少在四个月以上（张利洪和刘洲，2006）；有的研究者认为外出时间不满一年的父母，对子女的影响可能不明显，主张以"一年以上"为划分标准（胡枫和李善同，2009）。

严格说来，时间段的划定应以亲子分离多长时间能对大多数儿童造成影响为依据，而此议题正是一些研究者所关注的。有学者通过实证研究（申继亮，2008；张莉等，2011；凌辉等，2012），引入亲子分离的时间长度变量，考察留守时间对儿童的行为、情绪、公平感的影响，可惜这些研究并没有得出一致的结论，也没有发现以三个月、四个月、半年或一年进行区隔的实质意义。但对亲子分离时间的界定又是必要的，不然，不要说留守儿童的规模将混沌不清，就连最基本的相关研究讨论也会举步维艰。考虑到2000年人口普查及此后的有关调查基本都以半年作为界定流动人口的时间长度，而且从常识上讲，半年时间的亲子分离足以对儿童产生某种影响，因此，以亲子分离半年时间作为区分标准应该是一个较好的选择。

（三）儿童年龄

留守儿童年龄的上限应为 18 周岁、16 周岁，还是 14 周岁？主张以 14

岁为上限的研究者认为，14 岁的界点与全国人口普查和全国 1%人口抽样调查的年龄构成数据一致，这样便于对这些资料的利用。以 16 岁为上限的研究，认为要考虑到农村儿童上学迟，一些曾有流动经历的儿童在流动中耽搁学业或留级等因素，应将 14 周岁的年龄标准延长（慈勤英和李芬，2002）。

2016 年由民政部牵头组织的留守儿童摸排工作就将留守儿童界定为 16 周岁以下，其依据主要是有关法律规定，如《中华人民共和国预防未成年人犯罪法》规定"未成年人的父母或者其他监护人，不得让不满十六周岁的未成年人脱离监护单独居住"；《民法通则》规定"十六周岁以上不满十八周岁的公民，以自己的劳动收入为主要生活来源的，视为完全民事行为能力人"；《劳动法》规定"未成年工是指年满十六周岁未满十八周岁的劳动者"（民政部，2016）。而且从刑法方面讲，16 周岁涵盖了处于完全刑事行为能力阶段以下的所有未成年人。但批评者认为无论 14 岁还是 16 岁都是一个尴尬的界限，这种划分无法与中国中等教育设置的初中毕业或高中毕业年龄相一致，14 岁的儿童一般在读初二，16 岁的儿童一般在读高一，如果一进入初三或高二、高三就不再算作留守儿童的话，无论从理论上还是从现实上都很难说得过去（刘志军，2008）。

以 18 岁为上限，则与国际通则一致，联合国《儿童权利公约》（The United Nations Convention on the Rights of the Child，UNCRC）明确规定，儿童是 18 岁以下的任何人。这也与中国民法精神相符合，中国《民法通则》规定，年满 18 周岁的公民是成年人，具有完全民事行为能力。而且以 18 岁为上限，通常与中国教育设置的高中毕业年龄相吻合。因此，以 18 岁作为留守儿童年龄的上限更为适宜。

另外，少数研究着眼于"义务教育阶段"或者为获取资料方便的需要设定 4 周岁或 6 周岁为留守儿童年龄的下限，这显然窄化了留守儿童概念的外延，因为无论从哪个角度讲，都无证据表明亲子分离不会对年幼的儿童造成影响。

二、留守儿童定义的思考

（一）有留守经历的儿童算留守儿童吗？

以"外出父母数量""父母外出时间长度"和"孩子年龄"三要素为基础的留守儿童定义假设了父母的流动性和留守儿童的非流动性。但事实却如学者罗国芬（2005）所述："留守"只是儿童阶段性的生存状态或生命中某个时期的阶段性特征而不是其长久属性，当他们回到父母身边，不管是父母回农村还是他们跟随父母到城市，这种"留守"就随之结束。诸多调查也表明，确实有不少儿童频繁地往返于父母打工城市与老家之间，在"留守"与"流动"的身份状态间反复转换。问题是有留守经历但调查访问时已不再"留守"的儿童（处于随迁状态或父母已回到农村状态的儿童）是否还算留守儿童？显然，旨在考察留守经历对儿童成长发展影响的研究，如果进行的分析没有涵盖此群体的话，肯定会产生较大的偏误。而考虑留守经历、流动经历的研究，不仅需要研究者在研究设计阶段就布局谋划，更需要用动态的生命历程视角来分析这些经历怎样与变化着的环境一起影响了儿童成长。

另外，对留守或流动经历的考虑，意味着留守儿童与流动儿童并不是严格区分的两个群体，在很多时候，两者同属于一个群体，因为目前"留守"的儿童可能曾经"流动"过，而目前"流动"的儿童也可能有"留守"的经历。

（二）亲子分离是留守儿童的实质吗？

按照三要素定义留守儿童的思路，留守儿童群体不仅存在于农村，也存在于城镇，不仅中国有，外国也有，不仅现阶段有，历史上早已存在，而且将来必定还会产生，因为只要存在一定时间段的亲子分离就会有留守儿童，只要存在人口流动的现象，就难免会产生留守儿童问题，而不管原因是务工、经商、参军、留学等。显然，这种倾向事实上从儿童成长的角度将亲子分离看作留守儿童问题的本质。但事实果真如此吗？为何诸多文献聚焦于农民工子女这一弱势群体？显然主要原因并非"亲子分离"所能解释，除亲子分离外，本书还从再生产视角进行了解读（具体见后文"再生产视角"部分）。

三、本书中的留守儿童与流动儿童

上文为留守儿童理想化定义的讨论与思考，循此方式也可得到流动儿童的理想化定义，不过在实际研究中，研究者往往根据需要给出针对性的定义。结合"中国城镇化与劳动移民研究"项目，本书中的留守儿童指因父母双方或之一外出务工、经商，而留守农村一个月以上的未满 16 周岁的子女（在进一步分析流动效应过程中，也尝试仅将父母双方均外出的儿童视为留守儿童）；流动儿童指跟随外出务工、经商父母双方或之一在城镇生活一个月以上且户籍仍在农村的未满 16 周岁的子女。流动儿童与留守儿童统称农民工子女。0～15 岁的界定主要考虑到我国劳动年龄人口的下限为 16 周岁，即准予就业的最低年龄为 16 周岁。

为分析城镇化过程中的流动、迁徙对儿童成长的影响效应，除留守与流动儿童外，本书还关注农村非留守儿童与城市本地儿童两个群体，前者对应于留守儿童，指与非流动父母同住的农村儿童，后者与流动儿童对应，指与非流动父母同住的城市儿童。从阶层上看，农村非留守儿童属农民阶层，城市本地儿童属城市各阶层，留守与流动儿童属农民工阶层。

第二节　留守儿童问题研究综述

一、留守儿童问题的由来

农民工子女问题始于 20 世纪八九十年代，是在中国社会转型的背景之下，因农村劳动力流动而引发的社会问题。大规模的农村劳动力持续稳定地流向城镇、沿海或发达地区，一方面，外出农民工中一部分将未成年子女带在身边，形成庞大的流动儿童群体；另一方面，由于诸多现实问题，更多外出农民工不得不把未成年子女留在农村，形成农村留守儿童。

留守儿童与流动儿童同时产生，并各自面临不同的困境，亲子分离是留守儿童发展的主要障碍，生态系统整体变化则是流动儿童面临的最大挑战，再加上他们是弱势群体农民工的子女，这使其在成长过程中抵御风险的能力更为薄弱。就两群体受关注状况而言，尽管留守儿童的规模更为庞大，但最早受到关注的却是流动儿童。这主要是因为，当时政府更强调劳动力流动对经济发展的贡献及大规模农民进城对城市管理的挑战，相应地，学术界也把更多的注意力放在劳动力流动对流入地造成的影响方面，放在农民工及其子女在流入地的权益保护方面；对于流出地，则过于强调劳动力外出的正面效应，基本忽视了负面影响，也忽视了面临诸多困难的留守儿童群体。

直到 21 世纪初，随着"三农"问题的升温，作为其附属问题的农村义务教育问题日益受到关注，特别是新闻媒体对发生于留守儿童群体中的严重事件的广泛报道，使政府与社会认识到有这样一个弱势群体的存在。在此背景下，2004 年 5 月，教育部组织召开了"农村留守儿童问题研讨会"，强调对留守儿童群体的重视，并委托一些高校、科研机构开展调研，从此拉开了留守儿童问题研究的序幕。

二、关于留守儿童问题的主要调查

2001 年北京师范大学组织进行的"农村外出劳动力在家子女受教育状况研究"是最早的留守儿童专项调查。课题组选择了农村外出务工青年较多的三个省份（湖南、河南、江西）各一个乡/镇作为调查点，以这些乡/镇初中二年级和小学四年级学生作为调查对象，以问卷调查、个案访谈的方式收集资料。

之后较有影响的调查有：

2002 年福建师范大学针对性地选择了沿海经济发达城市泉州市、城乡结合地区福清市、农村乡镇沙县三个调查点，采用抽样调查的方法，以发放留守儿童现状调查表的形式对留守儿童、代养人、学校教师进行调查。

2004 年华中师范大学采用访谈、座谈、问卷、查阅档案、心理测量的方法在湖北省三个县市（英山、京山、随州）进行留守儿童调查。

2004 年中央教育科学研究所进行"中国农村留守儿童问题研究"。课题组选取三省（江苏省、甘肃省、河北省）五县（江苏省沭阳县、宿豫县[①]，甘肃省秦安县、榆中县，河北省丰宁县）为调查区域，在每个县选择一所初中样本学校、一所村级小学样本学校，采用班级整群抽样的方法确定调查对象，进行问卷调查。

2004 年中国青年政治学院进行"留守儿童的现状与对策研究"。课题组对十个中西部省份的 115 个村庄的留守儿童、监护人、校长与教师进行了问卷调查、半结构式访谈，对在京务工的部分留守儿童的父母进行了访谈，而且辅之以东部地区几所小学的跟踪式观察和留守儿童与非留守儿童对照的问卷调查。

2004—2005 年，中国农村劳动力资源开发研究会与农业部农村经济研究中心受福特基金资助进行"农村劳动力外出打工对留守儿童影响"调查。课

---

① 现为宿迁市宿豫区

题组采用定性定量相结合的方法，在北京、河北、四川选取部分留守儿童及其父母进行了个案访谈、问卷调查。

2006—2007 年，中国社会科学院妇女/性别研究中心进行"农民工流动对儿童的影响"调查。课题组从流出地—流入地结合的视角，在四川省某县外出集中的一个村庄及该县打工者集中的广东衡镇进行访谈，并在三个城市、三个乡镇分别进行了流动父母、流动儿童和在乡儿童的问卷调查。

更大规模关于留守儿童的调查研究是利用全国人口普查资料进行的。段成荣和周福林（2005）利用"五普"长表抽样数据对全国留守儿童的规模、结构等基本情况进行了分析估计。全国妇联组织人员利用 2005 年 1%人口抽样调查数据、"六普"数据分析推算留守儿童的数量、区域分布等特征，同时也结合文献研究等定性方法分析了留守与流动儿童在成长发展中面临的突出问题。

已有调查研究增进了人们对于留守儿童生活学习状况的了解，但也存在着有待改进之处，特别是在样本选取上，往往缺乏随机性，主观性较强；还有，调查对象往往局限于义务教育阶段的儿童，缺少关于学前留守儿童的调查，而这一群体已十分巨大，六普数据表明，0～5 岁学龄前儿童达 2342 万，占全部留守儿童的 38.4%（全国妇联课题组，2013）。

三、全景式研究取向与研究危机

在留守儿童问题研究历程中，教育问题，包括家庭教育、学校教育、德育中存在的问题及对策是最早也是最主要的研究取向。有学者进行过统计，2007—2009 年 704 篇关于留守儿童的期刊论文中，主题为教育问题的论文约占 37%（康辉等，2010）。随着留守儿童受到更为广泛的关注，研究主题进一步扩展，几乎涵盖了与留守儿童有关的所有方面——教育、心理、健康卫生、社会化、监护模式、权益保护、社会支持等，呈现出全景式的研究取向。

但研究内容的全景式取向并非意味着相关研究领域的蓬勃发展，相反，其背后却充满着危机。危机表现在研究报告的雷同甚至千篇一律，表现在研究中先入为主的问题化趋向，表现在缺乏对细化后研究结果的整合梳理，表现在相关问题的研究者在各自研究范围内自说自话……其根源在于缺乏统一的分析框架，缺乏清晰的研究视角。因此，为有效推动相关问题研究，对已有的研究视角进行梳理就显得十分重要。比较视角、动态视角和再生产视角是已有的比较清晰或初露端倪的三个研究视角（参见闫伯汉，2014）。

四、比较的视角

在留守儿童研究领域，比较是一种被频繁使用的方法。正是在这一方法的推动下，相关研究才取得了丰硕的成果。比较的视角源于对留守儿童"问题化"的反思。

（一）留守儿童的"问题化"及反思

留守儿童问题逐渐进入人们的视野，新闻媒体和学术调查的作用非常重要。但无论是媒体报道，还是早期的调查研究，呈现给公众的大多是"问题儿童"的形象。

较早关注留守儿童的《光明日报》，2002 年就有相关报道：很多留守儿童，由于家庭生活及教育的缺陷，辍学失学现象严重，德育智育发展滞后，心理生理发育失衡（李陈续，2002）。之后，一些媒体跟进报道，特别是在"留守儿童问题研讨会"后，有关留守儿童问题的新闻报道更是铺天盖地。媒体以少数个案为切入点，在亲子分离必定对未成年子女产生负面影响的假定下，其报道方式必然是对"问题"的过度聚焦，关注的是发生于留守儿童群体中的极端事件（偷盗、遭受性侵犯、抢劫、自杀、他杀等）。在新闻传媒高度发达的现代社会，轮番的关于留守儿童"问题"的报道，导致公众对这一群体的印象是：学习成绩差、内向封闭、行为不良、性格不健全（任松筠等，2005；周丽婷，2006；翟帆和赵秀红，2007）。总之，在新闻媒体的报道中留守儿童成了"问题儿童"。

学术界早期的一些调查也助推了留守儿童的"问题化"。林宏（2003）的调查发现，留守儿童中普遍存在着行为、性格与学习上的问题：行为上，在家不听长辈教导，在校不守规章制度；性格上，任性、冷漠、内向、孤独；学习上，成绩差，厌学、逃学倾向明显。范先佐（2004）的调查表明，除学习、行为、性格外，留守儿童在安全方面也存在突出问题，具体表现为因缺乏有效的监督管理而引发的人身安全、人身遭受侵害、自身行为失控的问题。

相比新闻报道对个案的关注，学术界的调查似乎更显科学性、更具说服力，影响力也更大。因此，这些调查结果的发布或发表，自然引发了社会各界对留守儿童更广泛的关注讨论，但同时也使有关留守儿童研究"问题化"的趋向更为明显，使留守儿童即"问题儿童"的形象更加"深入人心"。

针对这种状况，一些学者进行了反思：研究中普遍的潜在假设——亲子分离引发家庭结构变化、家庭教育的断裂，必然对儿童的学业、心理、行为等方面带来不利影响——是否存在问题？留守儿童身上存在的问题是真实的存在，抑或仅仅是社会与学界建构的？因为，很显然，虽然有些留守儿童表现不良，但同样可以找到许多自理能力强、学业优良、乐观自信的留守儿童。留守儿童中普遍存在的问题是否同样存在于农村非留守儿童身上？回答这些问题，需要比较的视角。最早的比较是群体间（留守儿童与外部群体）比较，这种比较有利于了解留守儿童的特点和状况；随着研究的深入，群体内（留守儿童内部群体）比较逐渐增多，这种比较不但有利于把握不同类型留守儿童的特点，也有助于对影响因素的探讨。

（二）群体间比较

群体间比较始于对留守儿童学校教育问题的关注。2001年，北京师范大学课题组对儿童的学业行为、学习成绩进行测量比较，发现留守儿童与非留守儿童的学业行为、学习成绩没有显著差异（朱科蓉等，2002）。中央教育科学研究所课题组的调查也发现留守儿童与非留守儿童在学习兴趣、对自身学习成绩认识方面无显著差异（吴霓等，2004）。

此后，群体间比较研究从学校教育逐步扩展到心理、生活状况、健康卫生、社会化、社会支持等与留守儿童有关的方方面面。

周宗奎等（2005）对义务教育阶段的学生与教师进行调查发现，教师认为相比非留守儿童，留守儿童在一般表现、学业、品行与情绪上的表现更差；儿童的自我报告显示，非留守儿童在人际关系与自信心上的表现明显好于留守儿童，而在孤独感、社交焦虑与学习适应上两类儿童的表现无显著差异。刘霞等（2008）的研究也发现，留守儿童与非留守儿童的孤独体验无显著差异。

叶敬忠等（2006）从衣着饮食、疾病照顾、劳务负担、上学方式、零花钱使用、社会交往方面对留守与非留守儿童进行了比较，发现在劳务负担方面，留守儿童的负担较重，并且影响了其生活和学习；而从整体上看，在其他方面两群体并没有明显差别。范兴华等（2009）比较了流动儿童、留守儿童与一般儿童的社会适应性，发现在总的社会适应方面，表现最好的是一般儿童，他们明显优于留守儿童；流动儿童的表现较好，表现最差的是父母双方都外出的留守儿童。

陈丽等（2010）的研究发现了留守儿童的发育不良问题较严重，流动儿童的营养过剩问题开始显现。金灿灿等（2010）则发现受客观条件所限，与流动儿童相比，普通儿童和留守儿童接触网络机会较少，网络成瘾的比例相对较低。董海宁（2010）对留守儿童与非留守儿童的社会化结果进行了比较，发现两群体的社会化结果差异明显，前者的社会化结果不及后者。张克云和叶敬忠（2010）的研究发现留守儿童的非正式社会支持网异质性较低；外出父母主要提供经济支持，感情支持不足，在留守子女非正式社会支持中的重要程度降低。赵苗苗（2012）从身体健康、心理健康与社会适应能力三个维度，比较分析了贫困农村地区留守与非留守儿童的健康状况，发现留守儿童的身体与心理健康状况显著差于非留守儿童，而社会适应能力则与非留守儿童无显著差异。

虽然已有研究在抽样方法、样本代表性、测量工具甚至结论等方面都存在不同程度的问题、矛盾，但通过群体间比较至少使人们明白有些所谓"问题"并非留守儿童独有，它们同样存在于非留守儿童身上，是农村儿童的普遍问题。随着群体间比较内容的不断扩展，对留守儿童群体的了解也更全面、细致。同时，研究者开始注重对影响机制的分析，群体内比较成为自然的研究逻辑。

（三）群体内比较

根据不同维度可以把留守儿童分为不同类型。常见划分维度有：留守模式、留守经历、监护类型、留守时间长度、分离年龄、支持模式等。

范兴华等（2009）从留守模式、留守经历的维度把留守儿童分为双留守、单留守和曾留守进行比较，发现双留守与曾留守儿童的抑郁程度高，而单留守儿童的生活满意程度高。刘霞等（2007）进一步把留守儿童分为父母双方外出儿童、仅父亲外出儿童和父母均在家的儿童，发现在对子女的心理影响方面，母亲的角色更为重要。

不仅在心理影响方面，在教育机会上也发现相比父亲，母亲的作用更为重要。杨菊华和段成荣（2008）把留守儿童分为与父亲留守儿童、与母亲留守儿童、无父母留守儿童，进而比较教育机会的差异。结果发现，在留守儿童内部，教育机会存在明显差别，只有与母亲一起留守的孩子，教育机会才得到改善；相反，与父亲一起留守的孩子，教育机会显著降低。贾勇宏（2008）则发现在提高留守儿童德行的积极因素中，母亲比父亲作用更大，虽然留守儿童德行表现在整体上与非留守儿童无显著差异，但母亲外出儿童的表现显著差于其他儿童。

张莉等（2011）从留守时间角度把留守儿童区分为短期（4年半以下）、中期（4年半到10年）与长期（10年以上）三类。发现不同的留守时间，留守儿童公正感的水平存在差异，在短期与中期留守条件下，留守儿童公正感的水平显著低于非留守儿童，而在长期留守条件下，留守儿童公正感水平与非留守儿童并无显著差异。申继亮（2008）的研究发现，留守时间对儿童的公正感、自尊与消极情绪体验有显著影响，留守5年以上与5年以下儿童在这些方面差异明显；随着留守时间的增长，儿童的消极情绪体验更加强烈，而公正感与自尊则越来越低。

凌辉等（2012）同时分析了留守时间（定距变量）和分离年龄（定距变量）对儿童的行为和情绪造成的影响，得出的结论是：6岁以前与父母分离，无论留守时间长短，都会对儿童的行为与情绪产生消极影响；而6岁以后与父母分离，则分离时间越长，对行为与情绪产生的消极影响越严重。

对于不同监护类型下留守儿童的比较及不同监护对留守儿童的影响一直是相关研究的兴趣点。李庆丰（2002）最早把监护类型分为隔代监护（由祖辈抚养的监护方式）、上代监护（由与孩子父母同辈人来监护的方式）、自我监护三种类型，后来，有学者又发展出单亲监护（由父亲或母亲监护）类型。叶敬忠和王伊欢（2006）对中国中西部10个社区的研究发现，相比其他类型儿童，处于隔代监护下的留守儿童出现的问题最多。范兴华等（2010，2011）比较了不同监护类型留守儿童与一般儿童的问题行为与情绪适应状况。刘晓慧等（2012）则比较了不同监护类型留守儿童与一般儿童的心理健康状况。

王东宇和王丽芬（2005）分析了留守时间（1年以内、2～5年、6～10年、10年以上），养育方式（民主、溺爱、放任、专制），监护人教育程度（文盲、小学或初中、高中或中专、大专以上），性别，年级，城乡，是否与兄弟姐妹一起生活等因素对中学留守儿童心理健康的影响作用，发现留守时间、养育方式、性别、年级，以及是否与兄弟姐妹一起生活的作用显著。具体而言，留守时间越长，儿童的心理健康状况越差；民主教养方式下的留守儿童心理健康状况最好，放任与专制方式下的最差；男童好于女童，高中儿童好于初中儿童，与兄弟姐妹一起生活的儿童好于没有与兄弟姐妹一起生活的儿童。

唐有财和符平（2011b）的划分更为细致，他们将亲子分离视为留守儿童最为本质的特征，从形式、时间、空间、亲子联系、父母回家频率与分离时机等维度区分亲子分离模式，发现不同模式对留守儿童（劳动负担、自闭倾向、厌学情绪、学习成绩和主观幸福感）产生的影响不同，与母亲分离对儿童的自闭倾向、主观幸福感影响显著，与父亲分离则对子女的学习表现具有一定影响。

还有许多不同划分标准的群体内比较研究，这些研究和群体间比较研究一起推动了相关研究的进展。毫不夸张地说，20年留守儿童问题研究所取得的成果，绝大部分都是比较视角的功劳。但从一个研究领域的发展看，在研究历程中把一个问题划分为多个问题，将一个群体区分为多个群体，这种由"一"变"多"的过程虽然必须，但到一定程度若不加整合将可能使整个研究领域面临危机。现阶段的留守儿童研究似乎已经出现了某种危机：千篇一律的研究报告，反反复复的同群体比较……更为重要的是，这些研究对内生性问题普遍重视不够，对参照群体的选择与处理也存在不足，导致最终所得结论缺乏可信性。

五、动态的视角

动态的视角源于对留守儿童定义的反思。从外出父母数量、父母外出时长、儿童年龄三个方面定义留守儿童是学术界的普遍做法。但问题在于这种做法假设留守儿童是从来不流动的，流动的只是父母。事实却是，不但父母在城市与农村之间往返流动，留守儿童也常常变动不居，时常随父母在老家与务工地之间"流动"，甚至还有监护环境改变带来的"留守"中的流动，转学带来的"流动"或"留守"中的流动（谭深，2011）。总之，对留守儿童来说，"留守"只是暂时的一种生活状态，而不是贯穿生活始终的一种属性，这种状态随时有可能因为父母回家或跟随父母进城而结束（罗国芬，2005；罗国芬和佘凌，2006）。

唐有财和符平（2011a）延续了这种观点，批评了留守儿童研究中关于留守儿童和亲子分离界定的截面静态性、共时态性和结构性特点，指出应从动态生命历程视角，从父母流动和儿童自身流动两个复杂维度的交互机制下分析留守儿童问题，只有这样，才可以克服静态的定量调查分析所面临的桎梏，才能够完整地呈现流动/留守经历对儿童生命历程中的生活、学习和个性素养等方面的影响。

但在实践领域，以动态生命历程视角进行实证分析的研究还较少。唐有财和符平（2011b）虽在此视角下得出了留守儿童社会化的"反埃里克森定律"，但其关注点仍然在可能对留守儿童造成负面影响的"危险因素"（不利条件）方面，且缺乏实证材料支持。

将关注"保护因素"（使个体在危险环境中避免不良发展结果，规避不良发展过程进而达到积极发展的因素）的心理弹性理论引入留守儿童研究是对"问题化"趋向的一个回应，也是动态视角的一种探索。"心理弹性"（mental elasticity）概念受到物理学中弹性力学的启发而产生，20 世纪 70 年代以来心理学家普遍采用心理弹性来表达个体在显著不利的背景下积极适应的过程和能力。始于儿童研究的心理弹性理论认为，由于保护因素的存在，不利环境并不必然导致儿童的不良发展，儿童仍有可能正常发展甚至有可能超出正常儿童的发展水平。所以，此类研究总是力图探寻那些能够克服儿童不良发展的保护因素。心理学家侧重分析个体方面的因素，许多研究都表明心理弹性与人格中的积极品质，如自信、自律、IQ 较高、主动、情绪稳定、乐观等成正相关，而与一些消极品质成负相关（Block and Kremen，1996；Eisenberg et al.，1997；Masten，2001）。教育学和社会学的研究者倾向于探寻个体之外的家庭、社区、学校、同伴的社会支持因素对心理弹性的影响。Sampson 等（1997）发现邻居支持能促进儿童的适应性；Hamre 和 Pianta（2001）发现教师的支持对儿童发展的保护性作用；Elder 和 Conger（2000）的研究发现紧密的同伴关系是一项积极因素。心理弹性理论对保护因素的兴趣，使其必然具有动态视角倾向。一些研究开始关注个体生命历程中对不利环境适应的发展轨迹，特别是关注生命历程中重要的转折点，甚至提出要深入理解危险因素和保护因素对儿童的影响，追踪研究是必需的。

在中国，由于父母双方或之一外出而留守在家的儿童也面临许多不利于其发展的危险因素，因此，用心理弹性理论分析留守儿童问题，剖析亲子分离状态下易出现的问题，探寻能够促使其良好适应、健康成长的保护因素是可行的，也是有意义的。骆鹏程（2007）较早以心理弹性理论分析留守儿童问题，考察了心理弹性与人格、社会支持的关系，发现留守儿童的心理弹性与年龄大小、年级高低并无明显关系，而与性别有着密切关系；与父母外出情况及在外时长，以及与父母团聚的频率、照顾人状况也有关；心理弹性与社会支持、人格间存在显著的正相关。这之后，关于留守儿童心理弹性的研究逐渐增多，多证实了留守儿童的心理弹性与社会支持之间存在着显著的正相关关系。

但很明显，在留守儿童问题研究领域，心理弹性理论的应用还处于初始阶段，更多研究只是以心理弹性量表和社会支持量表作为测量工具在小规模的留守儿童中进行调查，然后简单分析了心理弹性变量与社会支持变量间的关系，缺乏系统的大规模的抽样调查，缺乏对社会支持系统的深入考察，更缺乏动态视角下对生命历程中危险因素、保护因素作用机制的分析。

动态视角主张既要关注"危险因素"可能对儿童造成的负面影响，也要看到"保护因素"的支持作用；既要关心儿童当前的状态，也要注意他们曾经的经历，而且，这一视角强调要把儿童的经历与环境的变动结合起来，重视分析不稳定的生活环境对儿童成长影响的机制过程。相比注重群体间、群体内差异的比较视角，动态视角无论在研究方法、研究内容上，还是在实践意义方面，都有着明显的不同，这也必将推动相关问题的研究。

六、再生产视角

农民工子女问题的实质是什么？研究者多将农民工子女区分为留守儿童与流动儿童，并倾向于从儿童成长的角度将亲子分离看作留守儿童问题的实质（罗国芬和佘凌，2006）。反向思考，如果亲子分离为留守儿童问题的根本，则意味着他们是一个跨越城乡、国界的历史性群体，但为何几乎所有的相关文献关注的都是"因父母外出务工而留守家乡的中国农村儿童"？很显然，不仅因为其规模的庞大，更重要的原因在于他们是一个特殊的弱势群体——农民工的子女，而且由于诸多结构性因素的羁绊，这一群体很可能成为明日农民工的主要后备军，从此意义上讲，包括留守儿童在内的农民工子女问题只是农民工问题的附属品，是劳动力再生产、农民工再生产、阶层再生产问题（关于阶层再生产理论的详细阐述见第3章）。再生产视角整合了农民工研究与农民工子女研究。20 世纪 90 年代以来，农民工问题一直是社会的热点议题，研究文献众多，但少有文献关注其再生产问题；同样，大量关于农民工子女问题的学术研究中，也少有是从劳动力再生产角度进行的。两方面的研究各行其是，缺乏对话。再生产视角则将农民工子女问题看作农民工问题不可分割的一个部分，并认为多种不利结构性因素的阻滞，才是作为一个整体的农民工子女可能重蹈父辈命运的真正原因。

（一）劳动力再生产

马克思指出劳动力再生产包括劳动者自身体力与智力的恢复更新，劳动技能的积累，以及具有劳动能力的人口一代一代不断更替的培养或补充（马克思，1975）。布洛维继承发展了马克思的观点，将劳动力再生产明确区分为"维持"和"更替"两方面，"维持"强调了劳动者自身体力、智力的恢复更新；"更替"则强调了对子女后代的养育。布洛维看到，一般情况下，这两个要素在劳动力再生产中的区别往往是被隐藏的，但是对于跨国移民工人而言，二者的分离却构成了根本的特征，雇佣国仅负责劳动力的维持，劳动力的更替则被"外部化"给劳动者所属的国家，这导致了劳动力的使用方无论是经济成本还是政治成本都大大降低；俄国工业化时代城乡迁徙的移民工人具有同样的被拆分特征，劳动者个人在城镇完成个人再生产，而子嗣的抚养却要在乡土村社进行（布洛维，2007）。

（二）再生产理论视角下农民工子女问题的实证研究

在中国农民工问题研究的实践领域，学者沈原等注重农民工自身的劳动力再生产（"维持"方面），清晰地呈现了其独特的模式。沈原（2006）的一项研究指出，农民工作为"新工人"，与原来国有企业的"老工人"相比，其劳动力再生产模式呈现出"拆分型"特点，"老工人"的劳动力再生产由所在单位来承担，但农民工的劳动力再生产却由其农村地区的家乡来承担。而对于农民工劳动力再生产"更替"（子女或后代养育）的关注则是近几年发生的事情。

熊易寒（2010）以流动儿童为对象，探讨在具体的社会情境下，学校教育对于此特定群体命运的意义，发现公办学校农民工子女的成长存在明显的"天花板效应"。他们一方面认同主流价值观，期望向上流动；另一方面则在制度的约束下"自我放弃"。而农民工子弟学校的学生在"反学校文化"的氛围中，以否定或蔑视学校的价值系统、教师权威的方式获取自尊的同时，却提前进入次级劳动力市场，这使阶层再生产的进程加速。两类学校中的农民工子女成长机制虽存在差异，结果却一致地导向了阶层再生产而非社会流动。

周潇（2011）的研究对象不仅有流动儿童也有留守儿童。她采用民族志的参与观察和深度访谈方法，通过对初中阶段流动/留守儿童的生存方式、教育状况，以及初中毕业之后继续教育与进入劳动力市场职业选择的考察，指出农民工独特的劳动力更替模式——"劳动力更替的低成本组织模式"——导致了农民工阶级地位代际再生产趋势的出现。这种模式具体表现为两种形态：一种形态是农民工的劳动力更替被城市外部化给乡村，即农民工自身的劳动力再生产在城市完成，但孩子被留在乡村，从而导致了劳动力维持与更替被分隔开来。另外一种形态则是农民工将孩子带入务工所在的城市，但这些孩子却在城市处于一种被高度边缘化的状态，他们被放置于城市中低成本的生活区域，被排除在城市的种种资源（包括最重要的教育资源）之外。这种劳动力更替的组织模式使农民工子女向上流动的途径受到强有力的拦阻，造成了农民工子女和其他阶层子女之间在劳动力市场上的分割和分化，因而成了一种农民工阶级地位再生产的机制。

谭深（2011）则在一篇综述性研究中提出了"拆分型家庭模式"的概念，考察了维持留守儿童基本的正常生活与成长发展的传统支持网络，发现这些资源（如家庭和乡土网络）正随着工业化、城市化的迅猛进展及人们价值观念的变化而日渐减少，与此同时，结构层面解体的农村社会、二元分割下的农村教育使得留守儿童的处境更为艰难，接着他评价反思了留守儿童的支持模式，特别强调了赋权儿童的重要。

上述研究既着眼于宏观的制度政策背景，又注重微观的机制过程分析；既强调结构性因素的制约作用，又突出了主体性、反抗性，对农民工子女的发展困境、再生产路径进行了细致的阐述。从上述研究也可看出，再生产视角强调了劳动力再生产过程中"对子女后代的养育"方面。具有这种视角的研究，不仅会关注留守儿童的成长过程，更会关注其成长环境；不仅会关注亲子分离对留守儿童的影响，更会关注造成亲子分离的制度性、结构性原因。所以，再生产视角的研究者不仅认为亲子分离是留守儿童的重要特征，更认为留守儿童问题是中国特殊的社会大转型背景下产生的结构性、制度性问题。

这种主张与从儿童成长角度对留守儿童的定义相比，虽窄化了外延，但所指更加明确，也更体现了社会科学的人文关怀。

上文留守儿童研究的综述，将已有研究归入群体比较、动态与再生产的视角之下，为后来者研究相关问题提供了较为系统的归纳。当然，已采用三视角的研究在资料收集、研究手段上都或多或少地存在一定的局限性，尽管如此，这些个别性研究为本书及后来者分析农民工子女生活的更广泛的社会空间或生态系统提供了重要的参考。本书主要采用了群体比较与再生产的视角。

第三节　流动儿童问题研究综述

由于研究视野的原因，流动儿童相比留守儿童更早受到关注。文献检索发现，最早关于流动儿童的研究是 1994 年发表于《天津教育》上的一篇关于天津市如何解决流动儿童入学问题的论文——《招收流动人员子女入学全面普及义务教育》（华耀龙，1994），以及 1995 年 1 月 21 日刊登于《中国教育报》上的一篇专门分析流动儿童教育问题的文章——《流动的孩子哪里上学》（李建平，1995）。此后，更多媒体开始关注这一群体，国家相关部门及流动人口较多的城市（如北京、上海）开始组织人员调查此问题，社会学、人口学、教育学、心理学等学科学者也开始从不同角度对此问题展开分析讨论。

从已有文献看，近 20 年来流动儿童问题的研究历程，大致可以分为三个阶段：起步阶段（1994—2000 年），此阶段的研究集中探讨了流动儿童问题的成因，调研了民工子弟学校，描述了流动儿童的就学现状；发展阶段（2001—2005 年）的流动儿童问题研究从边缘走向了中心，成为热点；繁荣阶段（2006—2009 年）的研究内容更为细化深入，研究视角更加多样（周皓，荣珊，2011）。按此观点，2010 年至今大量深入细致的流动儿童研究，应该属于第三个阶段。

从整体上看，流动儿童问题研究已取得丰硕的成果，这些研究不仅全景式呈现了流动儿童群体的生活、学习、心理状况，更难能可贵的是，还引起了实践层面关于流动儿童群体政策的变化（如"以流入地政府管理为主，以全日制公办中小学为主"政策的出台），实施这些政策的积极效应已悄然出现。

一、关于流动儿童问题的主要调查

最早的规模较大的流动儿童专题调查是 1996 年国家教委基础教育司与教育管理信息中心等部门组织进行的"六省市流动人口适龄儿童就学状况调查"，根据调查结果，印发了《城镇流动人口中适龄儿童少年就学办法（试行）》，并在流动人口比较集中的京、津、沪、浙等 6 省市各选 1 个区试行，以此为基础，国家教委与公安部于 1998 年联合颁布了《流动儿童少年就学暂行办法》。《流动儿童少年就学暂行办法》一方面采取阻挡的策略，规定流出地应严格控制适龄儿童的外流；另一方面，鼓励流入地政府采取多种措施解决流动儿童的入学就学问题，提出可以酌情放宽简易学校的设立条件。总体上看，此阶段对流动儿童的管理模式仍属消极的围堵策略，但对简易学校设立条件的放宽直接导致了大批打工子弟学校的出现，客观上缓解了流动儿童入学难问题。

打工子弟学校由于只是应对大规模流动儿童入城而由一些稍具市场眼光的投资人兴办，再加上制度环境的不稳定，因此具有简易、凑合的特性，无可避免地产生了诸多问题，这些问题逐渐引起了学者的关注。1998—1999 年，赵树凯、吕绍清等对北京市的打工子弟学校进行了较大规模的寻访调查，课题组共寻访到 114 所打工子弟学校，在这些学校中就读的学生总数大约为15 000 名，课题组根据调查结果撰写了调查报告——《边缘化的基础教育》（赵树凯，2000）与《城乡差别下的流动儿童教育》（吕绍青和张守礼，2001）。2000 年，韩嘉玲主持的调查涉及了北京市 50 所打工子弟学校和 102 名教师，在对其中 19 所学校 2161 名学生进行问卷调查的基础上撰写了较有影响的流动儿童义务教育现状调查报告（韩嘉玲，2001a，2001b）。这些调查成果，使人们对打工子弟学校状况有了较为详细的了解，指出打工子弟学校虽一定程度缓解了流动儿童入学难问题，但本身也存在着诸如内部机制、办学者与教师素质不高等诸多问题，并进一步说明了我国义务教育阶段实行的"分级办学、分级管理"，即基础教育由县、乡财政管理的教育体制是造成流动儿童入学难的主要原因。

"中国九城市流动儿童生活状况调查"[①]是一项更大范围的流动儿童专项调查。调查根据东、中、西部地区及大、中、小城市规模确定了 9 个调查城市（北京、武汉、成都、深圳、吉林、咸阳、绍兴、株洲、伊宁），并依据城市流动人口规模分配样本量，在每个城市采用"概率与元素的规模大小成比例的抽样"[sampling with PPS（probability proportionate to size）]方法随机抽取调查户，共调查了 6344 户 12 116 个流动人口、7817 个 0～18 岁的流动儿童。调查发现，流动儿童的入学率、疫苗接种率都比较高，而且与流出地相比，流动儿童来到城市后的生活条件、受教育条件有所提高，亲子交流有所增加；消极的发现有流动儿童的生活条件、受教育状况、娱乐状况与城市本地儿童存在一定差距，流动儿童受歧视的情况较为普遍，甚至还存在童工现象，在疫苗接种与童工方面，女孩处于不利的地位，而且仅与父母之一一起生活的流动儿童在教育及童工方面都处于劣势（邹泓等，2004；2005）。

更大规模关于流动儿童的调查研究则是利用全国人口普查资料进行的。段成荣和梁宏（2004）利用"五普"和"六普"数据，分析了全国流动儿童生存发展的基本情况，发现整体上流动儿童的受教育状况虽然有所好转，但情况依然不容乐观，仍有大约 3% 的适龄流动儿童未按规定接受义务教育，另外，流动儿童的学前教育与高中教育问题也亟待解决。

已有调查虽不同程度地存在诸如参照群体选择、样本的代表性等局限性，但这些调查研究增进了人们对流动儿童群体生活学习状况的了解，为更深入地分析流动儿童问题提供了详尽的参考。更为重要的是，已有调查引发了政府部门对流动儿童问题的重视，促进了相关政策法规的出台。2001 年，国务院颁布《关于基础教育改革与发展的决定》，规定："要重视解决流动人口子女接受义务教育问题，以流入地区政府管理为主，以全日制公办中小学为主，采取多种形式，依法保障流动人口子女接受义务教育的权利。"这就是解决流动人口子女义务教育问题的"两为主"政策，此政策的实施使流动儿童就学难问题得到一定程度的缓解。

---

① 该项目于 2002—2003 年实施，由国务院妇女儿童工作委员会、中国儿童中心共同立项，财政部、联合国儿童发展基金会资助进行。

二、关于流动儿童的主要研究

已有的流动儿童问题研究[①]中，教育与社会融合是最常见、最重要的研究主题。

教育问题方面，已有研究涉及的内容主要有：教育公平与教育权利研究；入学、就学与学习状况研究；流动儿童的家庭教育、社会教育等教育方式研究；流动儿童就读学校及其发展问题研究。在各个内容上，研究的结论并不统一，主要结论有：流动儿童是一个弱势群体，其入学、就学过程及学习状况都存在着不公平现象，城乡二元分割的户籍制度、就近入学制度、地方负责分级管理制度、教育经费拨款制度是造成不公平的最重要的制度性因素。除此之外，流动儿童父母教育水平限制、教育方式问题、家庭物质条件困难等也加深了流动儿童的教育困境；应该承认打工子弟学校对于缓解流动儿童教育问题起到的积极作用，在承认其合法性，给其留出制度化发展空间的同时，应加强对其的规范管理。

融合研究主要围绕着社会化、心理状况与社会融合进行。心理学注重心理健康与人格特征，而社会学更关注社会化、社会适应与融合后果。从心理状况的研究看，大多数研究对流动儿童的心理状况存在着许多负面的评价。社会融合视角下的流动儿童适应研究的结论通常为：流动儿童有着较强的适应能力，较好的群体内部整合，但与其居住社区及其中的同伴间的交往与整合不足，生活相对封闭；尽管认同城市生活，却很难融入其中，不公平的教育政策等制度性因素及家庭背景等非制度性的因素共同造成了这样的状况。

周国华和郭元凯（2012）从学科观察的视角述评了流动儿童教育问题的研究，认为流动儿童的教育问题，不仅是教育问题，也是社会、经济、法律与政策问题，因此应从教育学、社会学、经济学、法学、政治学等多个学科视角进行综合分析；已有的不同学科视角下的研究从不同的方面共同促进了相关问题研究的进展；但是，如盲人摸象一般，每个学科每一视角只是看到了问题的一个侧面，只有将不同的学科视角、宏观研究与微观分析、整体与局部、理论与实践结合起来，才能全面把握流动儿童教育问题的实质。其实，不仅教育问题研究需要多学科视角，流动儿童的其他问题也同样需要以综合

---

① 已有很多关于流动儿童问题的文献综述，本部分的写作参考了周皓、荣珊的总体性综述及周国华、郭元凯关于教育问题的专题性综述。

的方式去看待解决。本书对流动儿童与留守儿童既有区别对待，又有将两者视为农民工阶层子女的统一分析。因此，适用于留守儿童的主要研究视角（比较的视角、再生产/社会流动的视角）同样适用于流动儿童。鉴于已有文献应用再生产或社会流动视角的研究较少，本书将农民工阶层在整体社会中的相对位置纳入认知发展框架，进而探讨认知发展与阶层限制关系的尝试无疑具有新意。

第三章　阶层再生产与认知发展：
相关理论问题讨论

本部分将对研究的理论基础——再生产理论与认知发展理论进行梳理与勾连，旨在为研究框架的建立及实证分析提供一个基本的视角。

第一节　阶层再生产理论

"阶层再生产"或"社会再生产"无疑是因社会学而广为传播的众多概念之一。在当前社会公众的日常话语中，这一概念时常因现实的社会不平等现象而被不断激发，甚至由此延伸的"阶层固化"概念也被社会各界不断提及，并引发了激烈的争辩。然而，一个明显的事实是，在相似的观察与分析视角背后，学界并无"阶层再生产"的统一的理论体系，对于阶层再生产是如何发生、怎样发生的，发生的过程机制问题更是缺乏系统的梳理总结。由于留守儿童、流动儿童成长发展面对的诸多阻碍其向上流动的结构性因素的存在，阶层再生产的发生是一件实实在在的事情，因而，在农民工子女问题研究中，阶层再生产是一个切实可行的理论视角，本节将对此理论进行梳理总结。

阶层再生产或社会再生产概念的来源最早可以追溯到马克思关于资本主义社会再生产和剩余价值学说的讨论。我们知道再生产是一个社会发展的前提，没有再生产就没有人类社会的维系与发展。马克思认为，物质资料与劳动力的再生产是社会正常运行的基础性条件。物质资料方面，"任何一个社会，如果不是有一部分产品不断再转化为生产资料或新生产的要素，它就会不能继续生产，那就是不能再生产"（马克思，1963：619）；劳动力方面，在资本主义社会，"劳动者阶级的不断维持和再生产是并且永远是资本再生产的条件"（马克思，1963：626-627），正是在物质资料与劳动力再生产的基础之上最终促成了资本主义生产关系再生产的实现。当然，这个关系双方的地位是不平等的，一方是居于统治地位的资产阶级，另一方是处于被统治地位的无产阶级。资产阶级占有生产资料，拥有大量财富，无产阶级则不占有生产资料，不占有或仅有少量财富。

这种以是否占有生产资料为唯一标准对阶级/阶层进行甄别区分的方式属于明显的单维度阶层/阶级观。在实践中，依靠单一标准或仅仅依靠是否占有生产资料的标准对阶级/阶层的区分遇到了挑战，因为它无法有效判断一些现代社会人群的归属。与此不同，韦伯主张的从经济、权力与声望三维度对阶层进行划分的多元分层模式因重视社会不同层面存在的分层差异现象而受到了普遍的欢迎。事实上，无论是马克思的以生产资料占有为标准的一元分层模式还是韦伯的多元分层模式及其他的分层理论观点，在本质上都有着一致性，即都是对不同群体资源占有或资源使用状况的表达，在资源占有、资源使用方面，亘古不变的现象是，优势阶层（精英阶层）占有丰富的资源，弱势阶层（底层）占有的资源则相对贫乏。

资源的占有/使用与传递正是社会分层与流动关注的核心问题，资源占有/使用的群体分布状况反映了社会的分层结构，资源在父代与子代间的传递及变化反映了阶层再生产与社会流动状况。

关于阶层再生产与社会流动的关系首先应明确以下两点：

1）两者并非简单的非此即彼、截然对立的关系。阶层再生产是一个与社会流动相对应的概念，指阶层的自我复制；在几乎所有形态的人类社会中，阶层再生产与社会流动都同时存在，区别仅仅在于比重的大小，我们不能简单地说社会流动"好"，阶层再生产"坏"；毋宁说，前者代表了稳定的一面，后者代表了活力的一面，两者适度平衡才是社会健康运行的保证（熊易寒，2010a）。

2）在一个社会中，特别是当代社会中，学者关于二者地位趋势的判断存在着分歧。一些学者（如布劳和邓肯）认为，伴随着工业化的发展和技术的不断进步，职业地位将成为判断社会地位的核心指标，一个社会取才的标准也将从家庭背景出身的高低转变为能力成就的大小，这样，社会分层结构呈现出日益开放的态势，社会流动率不断增加，流动机会平等化将占据主导地位（Blau and Duncan，1967）。另外一些学者（如费瑟曼、豪泽、埃里克森与戈德索普等）则批评布劳和邓肯的这种工业化—功能主义的解释逻辑，以数据资料验证，强调了各社会普遍存在的阶层再生产现象。费瑟曼等（Featherman，Jones and Hause，1975）基于美国与澳大利亚两国社会流动的调查数据，豪泽等（Hauser and Huang，1996；Hauser，1984b）、埃里克森与戈德索普（Erikson and Goldthorpe，1987a，1987b）利用更广范围（11 个国家）的调查数据进行分析，得出了与布劳、邓肯不同的结论：由于不同国家工业化路径、政治文化与制度背景的差异，导致"表型的"（phenotypical）流动模式因国家而不同；但"遗传型的"（genotypical）[①]流动模式却不因国家的不同而有异。也就是说，不同的国家，个人家庭出身与最终社会经济地位间的关联强度虽有差异，但关联模式则具有相似性，即呈现出社会继承性与短距离流动的主导特征（Hout，2004）。此结论区分了由结构性变动引起的社会流动率的变化与相对流动机会的变化，依据关联模式的跨国相似性特点，否定了随着工业化进展社会流动率不断提高的工业化假设，同时提供了一种制度主义的解释逻辑（甘泽布姆等，2002）。与工业化逻辑相比，制度主义显然认识到了不同社会中普遍存在的阶层再生产现象，但遗憾的是，制度主义逻辑并没有为阶层再生产的形成机制提供完备深入的解释。那么，阶层再生产的机制到底是什么？布洛维（2007：166）认为："阶级关系社会再生产的制度机制既存在于阶级关系的微观设置中，也存在于资本主义的宏观制度支持中。微观层面的关键是理解同意和压制在日常实践中，特别是在劳动过程中连接的方式。宏观层面的中心问题，则是各种机构——国家、媒体、教育——作用于阶级结构稳定化的方式。"下面分别从宏观制度支持与微观制度设置两个方面总结已有的关于资本主义社会阶层再生产机制的理论成果。

一、文化霸权与政治霸权理论

马克思认为，国家是统治阶级实施统治的工具。统治阶级为了维护其统

---

① 也有学者将其翻译为"原生型的""基质型的"。但这里的"遗传"绝非基因意义上的遗传。

治地位，有必要而且必须进行一整套的制度安排，如法律的颁布、政治架构的建立、执行机构的设置等。葛兰西的现代国家理论对这种制度安排进行了详细说明。葛兰西（2000：7，212-220）认为，现代国家的上层建筑由政治社会（political society）与市民社会（civil society）两部分构成。政治社会是政治的上层建筑，由议会、法庭、警察、选举机构等组成，以强制性为特征，进行直接的暴力统治；市民社会指民间社会组织的集合体，由教会、学校、工会、大众传媒等构成，主要履行统治阶级意识形态的创建、传播散布职能。政治霸权维护了统治阶级在政治社会的统治地位，文化霸权维护了统治阶级在市民社会的统治地位，前者表现为暴力，后者表现为教化。

葛兰西认为，相比政治霸权，文化霸权对于维护当今资本主义社会生产关系再生产的作用更为重要；统治阶层既控制着财产与权力，也控制着意识形态，事实上，他们正是运用意识形态来维持权力和财富的；这时的国家，不是粗暴强制的工具，也不是冷酷的科层制权威，它似乎成了人类文化的传播者（特纳，2001：236）。统治阶层正是通过这种间接、非强迫、制造同意的文化霸权维护统治的，非强制性的特点使"文化霸权"与布迪厄的"符号暴力"异曲同工。

另外，在葛兰西（2000：6）看来，意识形态的创建、传播散布任务主要由知识分子来完成，而知识分子由学校产生，因此，学校教育对文化霸权的建立起着至关重要的作用。

二、社会再生产的"符应"说

美国经济学家鲍尔斯和金蒂斯（1990）在《美国：经济生活与教育改革》（*Schooling in Capitalist America：Educational Reform and the Contradictions of Economic Life*）一书中详细阐释了资本主义社会对学校教育制度的安排，提出了"符应原则"（correspondence principle），即学校教育制度符应于资本主义经济的需求。具体来讲：

1）学校教育的科层制结构符应于生产场所的权力控制关系，如行政人员、教师与学生的关系对应于工厂中上级与下级的等级关系，知识内容的异化对应于生产场所的劳动异化，甚至学校讲授知识的专门化、分割化对应了职业领域的分割特征。

2）学校教育的内容符应于资本主义经济制度的需求，如学校教育不仅传授学生专业知识，也教导学生尊重权威、慎行守礼等资本主义生产所需的意识形态。

3）学校教育的特点符应于资本主义经济制度的需求，如学校应用各种测验对学生进行的筛选、类别划分，与职业薪酬的特点类似，不同阶段/类型的学校教育特点也对应于不同层次的职业结构特征：初高中教育严格限制学生活动的特点对应于低层次企业对规则的强调；中等层次师范学院、社区学院对应于中等层次的企业，两者都倾向于进行不全面的监督；高层次的教育与高层次的企业都强调规范内化的重要性。并且，学校的特点与学生的社会经济背景存在某种程度的关联，弱势阶层子女集中的学校更多地表现出服从、强制的特点，而优势阶层子女集中的学校的教学管理方式则相对开放，鼓励学生更多地参与。不同层次学校教育特点的实质是对劳动分工要求的回应，也体现了资本主义社会对学校教育的精密安排。正是在这样的制度支持下，学校使学生预演了未来工作场所的关系角色，传授了不同职业类型工人所需的不同劳动技能，内化了不同职业类型的价值观念、行为方式，为资本主义生产打下了基础，也促成了阶层再生产的实现。

除文化霸权、政治霸权与符应原则等制度安排外，民主政治、福利社会等制度的调整也起到了促进财富增长、缓和阶级矛盾、稳定阶级关系的重要作用。但总体上看，这些宏观制度支持只是为阶层再生产打下了一个坚实的框架，圈定了一个必然的范围，对于优势阶层如何成功地将其丰富的资源传递给子代，弱势阶层的子代如何被阻滞并再生产的机制过程的细致描述仍然付之阙如。在这方面，文化再生产理论与语言编码理论则优势明显。

三、文化再生产理论

20世纪五六十年代，欧美各国经济高速增长，学校教育快速发展。以法国为例，第二次世界大战后30多年，大学入学人数猛增了8倍，至20世纪80年代已普及了高等教育。然而，正如诸多社会学家、教育学家所指出的那样，经济的发展、教育的扩展并非意味着社会平等的自然到来、必然实现。最明显的事实是，大学生出身的分布结构并没有随着教育的扩张而发生根本的变化，劳动者阶层子女占大学生的比例远远低于劳动者阶层占就业人口的比例，与之相反，优势阶层子女占大学生的比例仍然较高。布迪厄把造成这种状况的原因归结为学校教育对社会等级结构的维持强化作用，并用文化再生产理论进行了详细的阐释。

布迪厄与帕斯隆的文化再生产思想主要体现于《继承人》（*Les Héritiers*）和《再生产》（*La Reproduction*）两部关于法国高等教育研究的作品之中。他们以"文化资本"为关键概念构建文化再生产理论，文化资本指那些非正式的人际交往技巧、习惯、态度、语言风格、教育素质、品位与生活方式，其存在形式有文化能力（cultural competence）、文化产品（cultural product）和文化体制（cultural institution）三种（特纳，2001：192）。我们可以利用观赏戏剧、听古典音乐、参观画展、阅读非职业性的书籍等活动的频率来评估一个家庭的文化资本状况（布莱克里局和杭特，1987：216）。很明显，不同阶层家庭的文化资本分布并不平等，优势阶层家庭总是拥有丰富的文化资本可以传递给子女，而弱势阶层家庭子女获得的文化资本往往十分有限。这样，由于可得文化资本的差异，不同阶层子女在进入学校教育体系之前，在"惯习"上已经出现了分化。

早期社会化过程中家庭传递文化资本的不平等在学校教育体系中得到保护、延续和强化。布迪厄认为，学校教育对已有文化资本的保护与强化具有隐蔽性，它在一视同仁、社会公正的旗帜下，使以家庭为单位进行的文化资本传承，看起来是以个体禀赋属性为基础进行的平等分配，这样，学校教育系统默认了入校学生已有文化资本的差异，事实上承认了家庭传承文化资本的合法性，保护并延续了已有的不平等。不仅如此，学校还以精英阶层的文化作为学校文化的方式强化了文化资本的不平等，后果是，弱势阶层（小资产阶级、农民和工人等）的儿童只有非常刻苦，才能掌握教给优势阶层子女的那些东西（风格、兴趣等）；相反，有教养、出身高的儿童，毫不费力地就掌握了知识，因为对他们而言，学校文化的习得，只是一种对原来文化的继承。因此，以优势阶层文化为主导的学校文化设置，使优势阶层子女更容易获得学业上的成功，而对弱势阶层子女而言，则意味着学业之路困难重重。最终，学校教育对已有文化资本的保护、延续及强化，使得阶层优势地位的承袭合法化、永久化，从而完成了优势阶层的再生产；而弱势阶层子女则由于学业失败遭到淘汰、放逐或搁置，从而完成再生产（布尔迪约和帕斯隆，2002：27-28）。

四、语言编码理论

与布迪厄以家庭、学校为背景的文化再生产理论类似，英国社会学家伯恩斯坦的语言编码理论同样采取了从家庭到学校的分析策略，不同的是，后者更侧重从语言使用的角度对教育不平等、阶层再生产进行剖析。

伯恩斯坦（1989：404-415）认为，职业种类不同，要求使用的语言不同，阶层社会分工的层次差异决定了不同阶层家庭使用语言的方式存在系统性差异。优势阶层家庭使用的语言是精密编码（elaboratedcode），底层家庭使用的语言则是局限编码（restricted code）。精密编码的特征为：语法结构、句型结构严密准确；连接词富有变化，对称句子多；常用既能代表逻辑关系又能代表时空连续的介词等。这种编码具有较为复杂的概念层次系统，强调变化过程，便于分析推理，个人有较大的自由选择和组织语言的机会。局限编码的特征是：语法结构简单，句子不完整，句型结构粗糙，常用主动语气；连接词简单，且不断重复使用；句型常限于简短的命令句和问句；机械呆板地运用形容词和副词等。这种编码更适宜日常生活的交流与沟通，而不是传递精密组织的知识，不利于深层次的意义分析讨论，强调事物本身而不是过程，无法进一步展开问题（吴康宁，1999：223-225；伯恩斯坦，1989：404-415）。

儿童早期社会化过程中语言使用的方式会直接影响到后来的学校经验，这是因为，学校是以精密型代码及其社会关系体系为基础的（伯恩斯坦，1989：404-415）。也就是说，学校以优势阶层的语言使用方式作为学校的主导语言方式，这对于不同阶层的学生具有截然不同的意义：对于优势阶层子女来说，学校语言不过是家庭语言训练的自然延续，因此，容易适应学校教育并取得学业成功；而对于底层家庭子女而言，原来使用的语言系统与学校语言系统间存在明显的冲突，适应全新的语言系统并非易事，这无疑阻碍了其对学校教育的适应及学业的成功，并最终导致了底层再生产的完成。

拉鲁（2010）在《不平等的童年：阶层、种族和家庭生活》（*Unequal Childhoods：Class，Race，and Family Life*）一书中从"组织日常生活""语言的运用""与教育机构的互动"三个方面描述分析了中产阶层家庭与底层家庭子女教养方式的差异。拉鲁将中产与底层家庭在三方面呈现出的明显不同，分别概括为"协作培养"模式与"成就自然成长"模式。在语言运用方面，中产家庭鼓励孩子表达自我，家长与子女间采用人性化的商讨交流方式，孩子经常反驳成年人的话，结果孩子出现了逐渐生成中的优越感；工人家庭与贫困家庭则强调语言的应用性、实用性，孩子很少对成年人进行质疑和挑战，孩子通常都接受所给指令，结果孩子出现了逐渐生成中的局促感（拉鲁，2010：105-159）。与伯恩斯坦的语言编码理论一致，拉鲁的分析描述也强调了中产家庭的语言系统与学校教育机构的兼容有利于子女的学业发展，而底层家庭的语言系统与学校教育机构的脱节不利于子女学业发展现象的存在。

五、抵抗理论

资本主义社会的宏观与微观制度设置，特别是学校教育制度的作用发挥，保证了资本主义生产关系的正常运行，维护了资产阶级的统治地位。但是霸权理论、符应原则、文化再生产理论、语言编码理论总体呈现给人们的印象是：阶层再生产完全是按照精英们的意愿进行的，对于底层而言，他们没有丝毫的主动性，只能任由摆布地被再生产。威利斯批评了这种过度结构化的观点，并通过实证研究，引导了后来研究者对底层再生产过程中被支配者"抵抗"或"主体性"的重视。

威利斯的研究对象为 20 世纪 80 年代英国伯明翰地区一所中学中 12 个出身工人家庭的白人男孩。经过长时间的观察，威利斯发现，这些出身底层的孩子对学校的权威体系有着敏锐的洞察，他们认定自己已"看穿"了学校教育的欺骗性甚至资本主义的本质，并生产出一套"反学校文化"来抵制学校的支配文化，然而，"反学校文化"本身就是矛盾组合。一方面，其为真正实现自身解放提供了某种可能；另一方面意味着，接受了依据性别或体力/脑力劳动分工的合法性，并将之视为自身文化的最重要标志，这种文化上的"限制"压抑并瓦解了发挥全部潜力的能力，同时阻碍了利益的表达，最终的结果是，这种文化并没有带来彻底的解放，却使他们很容易就实现了从学校到工作的过渡，而在学校期间的经历则成为他们最终接受工人阶级"厂房文化"（shop-floorculture）的"文化学徒期"（culture apprenticeship）（吕鹏，2006）。

在威利斯看来，底层再生产的成功进行与"反学校文化"密不可分。"反学校文化"与"厂房文化"有着诸多共通之处，如开玩笑、违背权威人物的伎俩等，正是两种文化的相似性，使底层子女克服了从事非技术性职业的自卑感，心甘情愿地从事发展前景有限的工厂职业，而且文化的相似性，也使他们不认为目前的处境是由于自身学业失败、智商禀赋局限造成的。威利斯的抵抗理论，呈现了与以往截然不同的社会底层再生产逻辑、过程与机制，其对主体性的强调隐含着更为乐观积极的意义，推动了后来的再生产研究。

六、小结

上述理论从宏观与微观的层面解释了资本主义社会中阶级/阶层是如何被再生产出来的。宏观上，统治阶级/优势阶层为维护统治地位，进行了一整套的制度安排，这种安排既表现为以暴力为特征的政治霸权，更突出地表现为以教化为特征的文化霸权，而且充分重视学校教育对文化霸权建立的重要作用，精密安排了一套对应于生产场所劳动分工的权力控制关系。

微观上，家庭之间的不平等模式在悄然传递，优势阶层家庭拥有丰富的文化资本可以传递给子女，而弱势阶层家庭子女能够获得的文化资本则十分有限；学校以精英阶层的文化作为学校文化、以优势阶层家庭使用的语言作为学校语言的方式保护、延续、强化了文化资本的不平等。

无论是宏观制度支持，还是微观制度设置的再生产论述都是一种结构化过程的观点，在此过程中，精英阶层的优势得到延续，弱势阶层则任由摆布地被再生产。威利斯的抵抗理论则以强调主体性的方式对结构化观点进行了反转，推动了再生产研究的发展。

就本书而言，由于数据的限制，阶层再生产理论的应用主要还是倾向于结构化的观点。从此意义上讲，本书的分析逻辑，宏观上重视对国家、政府涉及农民工子女政策法规的考察。户口制度、城乡二元分割制度及有利于资本的低工资、低福利制度制造了农民工的"拆分型家庭模式"，影响了留守儿童的成长发展，二元分割下的农村教育使得留守儿童的处境更为艰难（谭深，2011）。而义务教育制度"地方负责，分级管理"的模式，教育经费按照户籍、学生数下拨的方式，为城市公办学校排斥流动儿童提供了政策依据；"以流入地政府管理为主，以全日制公办中小学为主"的"两为主"政策一定程度上增加了流动儿童的公办学校教育机会，而市政府对待"打工子弟学校"的政策导向是帮扶引导还是限制打压，更是直接影响了流动儿童的教育机会；城市政府对流动人口及子女在就医、社会保障方面的歧视性政策也给流动儿童的成长发展带来了挑战。因此，要深入理解农民工子女的成长发展路径，必须结合宏观的制度背景，结合所在城市涉及流动人口的政策法规。

微观上，本书的分析逻辑重视家庭背景因素对留守儿童、流动儿童成长发展的影响，重视学校城乡分野视角下软硬件设施的差异对儿童发展的不同意义。

当然，我们也看到了作为弱势群体的农民工阶层为改变子女后代的社会地位进行的努力抗争。例如，虽然收入微薄、住房简陋，甚至老家有愿意并能够看护未成年子女的父母或亲人，但还是有部分农民工历尽艰难，克服重重阻碍，坚持将子女带入城市就读条件好的学校。在紧密围绕"乡城流动与儿童认知发展"这一主题进行分析探讨的过程中，本书认为结构化的阶层再生产理论与社会流动密不可分：一方面，乡城流动可能阻碍儿童的认知发展，由于认知发展是儿童向上流动或进行阶层再生产的关键节点，流动的这一负面效应将导致阶层再生产的发生；另一方面，乡城流动也可能促进农民工子女的认知发展，这样则为其向上社会流动建立了坚实的基础。

第二节　认知能力理论

人类对于自身的智力潜能始终表现出浓厚的兴趣。特别是近百年来，随着研究条件的改善，研究方法技术的提高，人类对于智力的关注已由简单的好奇进入到实质性的深入探索阶段。实证研究与理论建构是进行科学研究时相辅相成的两个重要组成部分，智力研究者们在进行实证分析的同时，也围绕智力的本质、构成、结构与发展，从不同的层面、角度建构了丰富多样的智力理论。"因素说"与"结构说"从构成因素及结构排列方面阐述了智力的本质，"过程说"关注智力活动中的信息加工过程变化，"发展说"则重视认知发展阶段及影响认知发展的情境。

一、因素说

因子分析法是依据研究变量间的相互关系，将相关性较高的变量降维归类，从而综合为少数几个因子的一种统计分析方法。1904 年，英国心理学家斯皮尔曼（Spearman）在其《客观测定的智力》（General intelligence, objectively determined and measured）一文中，首先将此方法应用于智力研究，发现人类的智力由两部分组成，分别为 G 因素（一般因素）和 S 因素（特殊因素），这就是智力二因素理论。G 因素是每个人都具有的能力，也是每个心智活动所共有的能力，主要来自先天的遗传，可以解释多数人在不同的智力分测验中表现基本一致的现象；S 因素为每个人独立具备的特殊能力，这些特殊能力主要有口语能力、数学能力、机械能力、注意力和想象力 5 类，特殊能力可以解释某些人在某方面能力突出而在另外方面未必同样优秀的现象。

美国心理学家桑代克（Thorndike）、瑟斯顿（Thurstone）反对智力二因素理论，认为应该以多种因素来解释智力。桑代克提出智力三因素说，认为智力可以分为抽象智力、具体智力和社会智力，其中抽象智力指处理语文、数学、符号及图形等的能力，具体智力指处理事物的能力，社会智力指处理人际关系的能力。受三因素说的启发，瑟斯顿于 1938 年以智力测验为基础提出了群因素论，即智力构成的基本心智能力说，认为智力由 7 种彼此不同、相互独立且无先后次序的能力构成，这 7 种能力分别为词语理解能力、词语流畅能力、数字计算能力、空间视觉能力、记忆能力、知觉速度及推理能力。

卡特尔（Carttell，1971）调和了斯皮尔曼和瑟斯顿的观点，他利用因子分析的方法，发现 G 因素又可分为流体智力（fluid intelligence）和晶体智力（crystallized intelligence）两种能力。流体智力以个体的生理条件为基础，是在新的环境下运用逻辑思维解决问题的能力，这种能力主要包括归纳推理和演绎推理两种。由于此能力有其生物基础，所以不受教育、生活经历的影响，也独立于已有的知识，并且有其发展衰退过程。一般而言，个体在 20 岁左右流体智力达到巅峰，30 岁以后则有衰退的趋势。与流体智力不同，晶体智力并非依赖于先天的生理基础，它是通过后天的学习获得的认知性能力，是个体运用教育、生活经历所获得的知识技能解决实际问题的能力。由于以生活经验为基础，晶体智力通常随着年龄的增加而上升。需要强调的是，晶体智力与流体智力关系密切，晶体智力的发展是以流体智力为基础的。

二、结构说

相比于因素说对智力构成因素的强调，结构说则更看重智力的结构形态，强调结构的变化对智力发展的意义。吉尔福特（Guilford）的智力三维结构理论、弗农（Vernon）和卡洛尔（Carroll）的智力层级结构模型、加德纳（Gardner）的多元智力理论是其代表。

吉尔福特（Guilford, 1950; 1967）认为智力包含诸多因素，每一因素都可用立方体结构进行说明，该立方体结构具有三个维度，即操作、内容和结果。操作指思维的方式，分为认知、记忆、发散思维（divergent thinking）、辐合思维（convergent thinking）、评价5类；内容指思维的对象，分为图形、符号、语义、行动4类；结果指思维的产物，分为单元、种类、关系、系统、转换、含义6类。因此，按照智力三维度立体结构的观点，智力应有操作（5类）×内容（4类）×结果（6类）=120种不同且相互独立的能力因素，这就是智力三维结构理论。后来，吉尔福特先后扩充了"内容"和"操作"维度的类别，这样智力的三维空间结构进一步增大，包含的因素也最终增加到180种。吉尔福特这种包含因素说的结构论，丰富了人们对智力本质的看法。

弗农（Vernon, 1960）的智力层级结构理论认为智力因素呈多层次的结构分布，这些结构的层次有高低之分：最高层次是一般能力；第二层次包含两大能力因素群，分别为言语、教育能力群及操作、机械能力群；第三层是两大能力因素群分别对应的若干小因素群，言语、教育能力群对应言语、教育、数量等特殊能力，操作、机械能力群对应操作、机械、空间等特殊能力。

卡洛尔（Carroll, 1993）的观点与弗农基本一致，都认为处于最高层次的是智力的一般能力因素，最低层次的是诸多特殊能力因素。不同之处在于对中间层次的看法，与弗农的两大能力因素群相比，卡洛尔的中间层次更为丰富，包含流体智力、晶体智力、一般记忆容量、一般流畅性、一般视知觉、一般加工速度、一般听知觉7种能力因素。很明显，层级结构理论吸收了"因素说"特别是斯皮尔曼的观点，而且本身又清晰勾勒出了智力因素的层次结构分布，使其具有更广泛的解释力，这种特点使其成为众多智力理论中最广为接受的一个。

加德纳（Gardner, 1983）的多元智力理论在结构说中较为特殊。首先，以往的理论多主张智力是一元的，把智力仅局限在个体的某些能力方面，而对其他能力的存在视而不见，加德纳则认为智力并非是单一的，而是多元的。其次，在方法的使用上，以往的理论多使用量化的统计分析方法特别是因子分析方法，加德纳则依据的是包括临床观察法在内的多种方法进行分析论证，他在波士顿一家医院研究脑部受伤患者时发现，脑部不同部位的受伤会选择性地损害某种能力。例如，大脑皮层左前叶的布洛卡区受到伤害，个体就会发生语言障碍，但数理能力、运动能力等则没有受到影响，仍表现正常；另外，现实社会中确实存在着特殊的个体（如超常者）。因此，他判断智力是多元的，并且是以相互独立的方式存在的。加德纳认为人的智力由 8 部分构成，分别为言语、逻辑推理、空间、音乐、身体运动、人际交往、内省及自然观察能力，每个人都具备这 8 种能力，不同的是有些人的某些能力较为发达，而另外的一些能力则一般发达或较不发达。而且，这些能力中的一些并不容易被测验到，它们更多时候只是一种潜能，只有在适当的情境中才能表现出来。

加德纳的贡献不仅在于改变了长久以来智力是一元的观念，更重要的是在实践领域其尊重差异的积极智力观对传统的以语言和逻辑推理能力为中心的选才观与教育模式产生了强烈的冲击。

三、过程说

"因素说"与"结构说"的各理论虽形态迥异，且在关于构成智力的因素数目及这些因素的排列形态上争执不一，但其根本方向具有一致性，即均致力于刻画一幅智力的心理地图，因此都可归属在斯腾伯格的"地理学隐喻"（Sternberg，1990）之下，具体表现是：以智力测验为基础，依据因子分析等方法，探寻智力的构成因素及这些因素的排列分布，描绘了个体智力的差异状况。

但这种从智力构成、结构角度进行的阐述，始终以静态的因素作为人类智力的实质，而且对智力的描述仅建立在个体差异上，没有涉及智力的共性问题；还有，由于因子分析在方法学上的弱点，这些理论始终没有涉及智力活动的内部过程，因此也无法清晰地解释认知发展现象。

20 世纪 80 年代以来，随着认知心理学的兴起与发展，从认知加工过程的角度来理解智力活动的研究逐渐深入，戴斯（Das）等的智力 PASS（planning，attention，simultaneous，successive processing）①模型与斯腾伯格（Sternberg）的三元智力理论是过程主张的代表。

戴斯认为掌握认知的变化过程才是理解智力实质的关键。经过多年研究，

---

① 即"计划—注意—同时性加工—继时性加工"。

戴斯等（Das，Kirby and Jarman，1975；Das，Naglieri and Kirby，1994）提出了 PASS 模型，即"计划—注意—同时性加工—继时性加工"理论。该理论认为人类的智力活动包含上述 4 个认知过程的 3 个认知功能系统，这 3 个认知系统分别为注意—唤醒系统、同时—继时编码加工系统和计划系统。3 个系统有层次的高低之分，其中注意—唤醒系统是进行编码加工和计划的基础，它在智力活动中发挥着激活与唤醒作用；同时性加工与继时性加工两个认知过程功能平行，构成的系统居于中间层次，该系统在智力活动中负责对外界刺激信息的接收、解释、转换、重编码与存储；计划系统层次最高，是整个认知功能系统的核心，在智力活动中的主要作用是制订目标、选择策略，并对注意—唤醒系统与编码加工系统进行监控调节。虽有层次的差异，但三系统联系密切，任何一个智力活动的完成都需要它们的协调合作，而且，三系统运作受已有知识基础的影响，因此，根据特定任务需要，整合已有知识与上述 4 个过程的加工才是有效的。

斯腾伯格（Sternberg，1985）从信息加工的角度提出智力是一种心理的自我管理活动，在此过程中涉及三个相互作用的智能，分别为成分智能（componential intelligence）、经验智能（experiential intelligence）和情境智能（contexual intelligence）。围绕这三个智能，它又提出了三个子理论。

成分智能理论主要描述了智力活动的过程结构，解释了个体吸收新知识的历程。其主要内在机制有元成分（metacomponents）、操作成分（performance components）和知识获得成分（knowledge-acquisition components）。元成分的作用与 PASS 模型中的计划系统相似，主要负责智力活动时的计划、监控和调节；操作成分指个体在归纳推理或逻辑演绎中所表现的能力，主要负责执行元成分的指令，进行编码、解码等信息加工操作，同时也把操作信息反馈给元成分；知识获得成分指经由学习获得的能力，其主要功能在于学习解决新问题的策略方法。

斯腾伯格认为成分智能的上述三个机制无法全面解释智力水平的差异，这是因为解决问题的能力深受个体已有生活经验的影响，由此，他提出了经验智能理论。经验智能指个人根据已有生活经验处理新问题的能力，它在经验层次上考察了个体有效应对新环境的能力及自动化任务完成程序的能力。

情境智能指个体适应、选择与改造所处情境的能力。适应是改变自己以符合情境的要求；选择是面对多个情境时能够根据当时的情况做出适当的选择判断；改变是当无法适应情境又不能进行选择时能够改变情境以顺利达成目的。后来斯腾伯格用成功智能的概念进一步扩充了情境智能的内涵，他认为个体要成功地实现适应情境、选择情境与改造情境，需要具备一定的分析能力、创造能力与实践能力。

斯腾伯格的三元智力理论既注重过程机制分析，也阐述了智力的构成因素及结构层次，本质上是因素说、结构说、过程说的综合。

四、发展说

相对于信息加工理论对认知过程的关注，皮亚杰（Piaget）的认知发展理论更关注认知发展的阶段，维果茨基（Vygotsky）的社会文化理论更重视社会情境对认知发展的影响。

皮亚杰将人类的认知看成复杂有机体之于复杂环境的一种具体的生物适应形式，像其他形式的生物适应一样，认知总是表现出同时存在而又互补的两个方面——同化与顺应。同化指外在的刺激适应内在心理结构的过程，即依据个体的已有认知系统知识对于来自外部的刺激进行理解，这样，外部的环境刺激经过认知转化，从而与已有的知识相一致；顺应则是通过改变认知系统来适应外部的环境（弗拉维尔等，2002：6-9）。因此，在皮亚杰看来，认知发展就是经过同化、顺应不断尝试，导致认知系统的结构不断发生由简单到复杂变化的过程，在此过程中，人类的认知系统既使环境适应于本身的结构，又改变自身的结构适应于环境。同化与顺应同等重要并以相互依赖、相互促进的方式促进了认知发展。

皮亚杰视认知发展为主体自我选择、调节的主动建构过程，并根据此过程的特点将儿童认知发展划分为四个阶段：

1）感知运动阶段（0~2岁）。该阶段婴儿通过外显的行动来认识世界。

2）前运算阶段（2~7岁）。随着语言能力的发展，该阶段儿童不仅能够利用动作，而且能够利用表征（如图画、词、姿势等）来思考客体，但仍受直觉表象的束缚，思维不可逆，推理也不合逻辑。

3）具体运算阶段（7~11岁）。该阶段儿童的逻辑推理能力得到初步发展，具有了思维的可逆性，但运算只能运用于具体的对象。

4）形式运算阶段（11~15岁）。该阶段儿童能运用符号系统去理解高度抽象的概念，也能够处理各种抽象的事物和关系。

皮亚杰关于认知发展阶段的划分极大地影响了认知发展研究，但他的理论过于强调个体自发的成熟而忽视了社会文化环境对认知发展的影响，对情境、成人指导之于儿童认知发展的作用也重视不够（余娟和王怡，2004）。以维果茨基为代表的社会文化情境理论学派弥补了这一不足。

社会文化情境理论认为，人总是处在一定的社会环境之中，儿童与社会环境的相互作用促进了认知的发展，任何概念认识都可以通过特定的文化情境加以解释建构。有两个水平的社会文化情境：一个是远端的水平，指儿童所处的社会—文化—历史时刻，这是一个宏观的历史文化背景，人类社会发展到某阶段汇聚的一切制度物质成果都会影射于儿童的认知发展，出生于当今计算机时代儿童的认知发展必然有别于捕猎社会中儿童思维的发展；另一个是近端的水平，指最接近儿童的社会、物理环境，既包括儿童周边的物质条件，也包括与儿童互动的人群（弗拉维尔等，2002：30-31）。

维果茨基的"最近发展区"概念特别强调了与儿童互动的人群的指导作用。最近发展区指实际发展水平与潜在发展水平间的差距，前者由儿童独立解决问题的能力而定，后者则是指在成人的指导下或是与能力较强的同伴合作时，儿童能够解决问题的能力（叶浩生，2005：430）。在维果茨基看来，成人的帮助、后天的教育在儿童认知发展中作用巨大，成人是儿童"认知发展的助推器"（cognitive booster）（弗拉维尔等，2002：31）。这一思想无论在认知发展研究领域还是在实践教育领域都产生了巨大深远的影响。

五、从智力到认知能力

因素说、结构说、过程说与发展说显示出研究者因关注点、视角的不同，对智力本质看法的差异，但在这纷繁的理论背后存在明显的发展趋势，而在此过程中一些特质却沉淀为智力研究的核心主题。

（一）智力理论的发展

总的看来，智力理论的发展表现出如下趋势。

1. 从一元论向多元论扩展

从斯皮尔曼的智力二因素说到桑代克的三因素论、瑟斯顿的群因论，再到卡特尔的流体智力与晶体智力理论，智力的内涵逐步丰富，但仍没有摆脱"一元论"的假设。加德纳多元智力理论的提出，使更多人接受了每个人都具有多种独立存在潜能的观点，多元论冲击了长久以来的智力观，也引发了教育领域的实践变革。

2. 从描绘智力心理地图向把握智力活动过程转变

因素说、结构说致力于阐释智力的组成因素及其排列分布，清晰呈现了智力的内部构造，但这种静态的描述始终没有涉及智力的运行机制过程，对认知现象特别是认知发展的解释力严重不足。PASS 模型与三元智力理论对过程的重视弥补了这一缺陷。

3. 从强调内部结构、运作过程到关注外部情境

因素说、结构说强调了智力的内部构造，PASS 模型注重智力的信息处理过程，但问题在于其仅局限于"脑内"的信息处理，而且有被计算机研究同化的趋向，因此受到强调生态环境效应的研究者的尖锐批评。卡特尔认为晶体智力的发展依赖教育、生活经验等后天学习训练，开始关注外部情境与能力的关系；加德纳强调人的一些潜能只有在适当的情境中才能表现出来；斯腾伯格的情境智能理论，强调了认识活动需要与特定情境相适应；社会文化情境理论更强调了远端、近端水平的情境对儿童认知发展的巨大作用。

4. 方法的多样化

从智力理论的发展看，智力是一个复杂、多维的心理现象，对于这样一个内涵庞杂的概念的把握，根据变量关系降维归类的因子分析法的确能发挥其化繁为简的优势。事实上，正是依据此方法，研究者才建构了丰富多样的智力理论。但是，因子分析方法学上的固有不足（如以变量间的线性关系为前提等），导致无法对智力活动的机制过程进行分析，对智力发展的影响因素研究也力有不足。皮亚杰采用质的研究方法对儿童的认知发展进行研究，对智力发展做出了全新的解释，从此质的研究方法被广泛应用于智力研究中。加德纳则依据临床观察法发现了智力的多元性。

（二）智力理论的发展特点

从智力理论的发展过程看，还呈现出如下特点：

1. 认知能力是智力的核心要素

诸多智力理论虽对智力的内涵观点各异，但在认知能力是智力的重要内涵上并无分歧。事实上，长时间以来研究者们把认知能力完全等同于智力的全部，即一直从认知的角度研究智力，忽视或有意回避非认知因素。随着研究的深入，研究者才逐渐认识到非认知因素的重要性。加德纳认为传统的智力测验仅仅测量了诸如逻辑推理、言语理解等认知能力，而智力是多元的，除认知能力外还有诸如身体运动、人际交往等其他能力。塞西（Ceci）发现个体动机的有无及强度高低对智力发展有重要影响。近年来梅耶尔与戈尔曼更是把非认知因素——情绪整合进智力研究，并提出了情绪智力的概念。将非认知因素纳入智力研究，在充实智力内涵的同时也有助于对智力活动进行更全面的理解与评价。但无论如何，认知能力作为智力研究最重要议题的地位并没有改变，诸多智力测验测量的主要内容仍是认知能力。

2. 理论与测量实践的结合

诸多智力理论建立在心理测验的基础之上，反过来，智力理论的建构决定着人们对智力内涵、本质、发展的看法，指导了量表的编制、测验的进行，而测验实践又验证了相应的理论，推动了智力理论的进一步发展。

本部分较为详细地介绍了认知能力的理论历程，可以看出，关于认知的认识较为多样，这一方面可以看出，认知确实是一个内涵复杂、难以把握的概念；另一方面也为研究者进行相关问题分析时的理论选择提出了挑战，因为这关系到分析的思路、研究的方向及结果的呈现。本书关于认知（智力）的总体认识是：认知能力是智力的核心要素，是儿童社会流动的基础；一些刺激性因素会影响认知能力的发展。

第三节　影响认知能力的因素

一、先天与后天之争

是先天遗传还是后天环境影响了认知能力的争议由来已久。心理测验之父高尔顿，深受达尔文进化论的影响，通过调查诸多名人的家谱发现，这些名人多出身于名门望族，因而提出天才是遗传的观点，并断言"一个人的能力，乃由遗传得来，其受遗传决定的程度，如同一切有机体的形态及躯体组织受之遗传的决定一样"（Galton，2005）。高尔顿用遗传决定论解释种族差异，说明黑人智能低于白人的原因，并提出优生学，主张以人工选择的方法改良人种。美国心理学家霍尔也是遗传决定论者，他曾说："一盎司的遗传胜过一吨的后天教育。"

环境决定论的主张与此相反，洛克（Locke）的"白板说"与华生（Watson）的"教育万能论"是其代表。英国哲学家洛克认为人出生时心灵像白板一样，并没有观念，只是通过经验的途径，才有了观念，只有通过书本、教育和理性培养，儿童才能成为文明的传承者和未来的主人翁，并断言，经验是观念的唯一来源。行为主义心理学创始人华生认为儿童发展取决于后天环境、教育，行为发生的公式是刺激—反应，外界刺激导致了行为的发生，而刺激是客观的，所以不可能取决于遗传。华生从这一认识出发，认为环境与教育是影响行为发展的唯一决定性条件，并提出了教育万能论，他甚至信心满满地宣称："给我一打健康的婴儿，一个由我支配的特殊环境，让我在这个环境里养育他们，我敢担保，任意选择一个，不论其父母的才干、倾向、爱好、职业及种族存在怎样的差异，我都可以按照我的意愿把他们训练成为任何一种人物——医生、律师、艺术家、大商人，甚至乞丐或强盗。"（Watson，1930）

相比遗传决定论或环境决定论这种极端观点，更广为接受的观点是遗传因素与后天环境共同影响了儿童的认知、行为与发展，但在两者作用何者为重上却众说纷纭，充满了争议。

二、遗传的影响

双胞胎研究、收养儿童研究被认为是证明遗传效应的最有效途径。双胞胎分为同卵与异卵双胞胎，前者的基因完全相同，后者则只有一半的基因相同。如果遗传对智商没有影响的话，则同卵双胞胎智商的相关系数不可能总是高于异卵双胞胎智商的相关系数，然而，心理学家麦丘等（McGue，1993）的研究不但发现同卵双胞胎智商相似性总是高于异卵双胞胎，而且发现孪生（无论同卵还是异卵）子女智商的相似性总是高于非孪生子女智商的相似性，具体而言，从小一起住的孪生子女智商的相关系数高达 0.86，不一起住的孪生子女智商的相关系数为 0.60，均大于从小住一起的非孪生子女智商的相关系数 0.48。Bouchard（1994）更发现，即使同卵双胞胎被分开抚养而生活在不同的环境条件，其智商也仅有很小差异。这些结果无疑表明，生物基础越相近，智商越相似，遗传确实对智商有着较大的影响。

Honzik（1957）的收养研究也提供了遗传对智商影响的证据。就收养研究而言，如果是环境影响智商而遗传与智商没有关系的话，则被收养子女的智商应更接近于其养父母而非亲生父母，但 Honzik 的研究发现，被收养儿童的智商与其亲生父母的智商近似，而与养父母的智商没有关系。

其实，无论是双胞胎研究还是收养研究都没有完全排除其他干扰因素，从而得到遗传的净效应。就双胞胎研究而言，存在着"相同的环境效应"与"忽略选择性婚配"两个前提假设。第一个假设意味着同卵与异卵双胞胎的环境相似性是一样的，如果同卵双胞胎的环境相似性大于异卵双胞胎，遗传的作用将被高估。而现实往往是同卵双胞胎成长的环境更为相似，因此，更强的环境相似性也许解释了同卵双胞胎更强的特征相似性；另外，人们在选择配偶时倾向于找与自己的智商等特征相似之人，即"选择性婚配"，当父母有上述倾向时，孩子在某一特征上获得相同基因的可能性更大，这就增加了异卵双胞胎的基因相似性，而"忽略选择性婚配"的倾向则会使遗传的效应被低估（胡雯等，2012）。虽然这两个假设的作用方向相反，某种程度上可以相互抵消，但消减的程度并不清楚。所以，遗传的净效应仍未可知，"遗传决定论"证据不足。

与遗传决定论遭到的质疑相比，遗传对儿童发展存在某种程度影响的观点无疑更广为接受。特别是近年来，随着分子遗传学的飞速发展，人类已经可以识别某些疾病（如肥胖症、冠心病、乳腺癌等）的遗传基因差异。相关研究发现了基因遗传与一些症状、行为间的关系，即具有不同遗传倾向性的个体即使面对同样的社会环境也可能有不同的反应，这颠覆了传统社会科学研究中"某一社会环境因素能够影响所有个体的假设"，给社会科学研究提出了挑战，需要研究者根据分子遗传学的成果改进研究模型，同时也给社会科学的发展带来了机遇：一方面可以剔除基因对人类行为的效应，研究纯粹的社会环境对个体行为的影响；另一方面也可以通过对基因与环境相互作用的分析来理解社会环境怎样以遗传倾向性为条件发挥影响作用（胡雯，2012）。

事实上，社会科学家在基因与社会环境的相互作用方面已经取得了诸多研究成果（Guo and Stearns，2002；Martin，2008；Settle et al.，2010）。这些研究在肯定了遗传因素影响作用的同时也拒绝了遗传决定论的观点，甚至通过遗传信息的引入使人们更明显地看到环境的影响比原本我们以为的还要强大（Martin，2008）。

上述讨论旨在说明遗传因素确实在某种程度上影响着儿童的认知、行为及其发展。以研究社会结构作用为己任的社会学研究者们，为得到结构的净效应，需要在进行相关研究时纳入基因变量；即使因为缺乏有效探测遗传信息的技术而没有获得相关信息，也应在分析与讨论中注意到可能存在的偏误，谨慎对待研究结论。

三、环境的影响

无论是遗传决定论还是环境决定论都缺乏足够的证据。也许，在遗传与环境对智力、认知与行为的影响问题上，这样的观点才是合理的："遗传局限了个人智力发展的最大范围，而环境则影响个人智力开发的程度。"（黄文三等，2008：6-33）

环境对人的认知发展的影响早就受到重视。孔子说："唯上智与下愚不移。"意思是说，只有最聪明与最愚笨的人的性情是不受外在环境、教化影响的。而处在"上智与下愚"之间的绝大多数人的性情出生时是相近的，但由于受到环境、教化的影响，发生了变化，有了差距，正所谓"性相近也，习相远也"。

社会学中有一个人所皆知的概念"社会化"（socialization）就是环境对个体发展影响的集中表达。社会化是个体在社会文化环境之中，学习并掌握价值观念、规范、技能等的过程，这一过程就是个体深受社会环境影响的过程。个体为了生存发展，有必要也无可选择地要接受社会环境的制约影响。库利的"镜像自我"理论，米德的"自我发展阶段"理论及对"重要他人"的强调，戈夫曼的"印象管理"理论等都表明了个体生命历程中"自我"发展的"社会化"过程。

对于环境的影响，本书关注的是，在个人发展潜在可能性一定的条件下，有哪些环境因素影响着儿童的认知发展？或者说，对于儿童生命历程中一个重要方面——认知能力，社会化的重要媒介有哪些？不同类型的环境或媒介又如何影响了儿童的认知发展？其运作机制是什么？当然，围绕这些问题，研究者进行了大量的工作，也取得了丰硕的成果，下面将对已有的研究发现进行梳理。

（一）家庭的影响

1. 家庭有影响效应吗？

孤儿院与家庭儿童的比较研究是证明家庭影响效应的有效方式。Skeels（1966）对 25 名智障的 3 岁以下孤儿进行了追踪研究，首先进行一次智力测验，实验组的 13 人平均得分为 64 分，对照组 12 人得分均值为 87 分；之后，实验组被正常家庭收养，对照组仍在孤儿院生活；26 年之后，再次进行智力测验，结果发现实验组得分大幅度提高了 27 分，他们已经成为具有生活能力的正常人，甚至有些人已经结婚；而对照组的分数与原来相比却下降 26 分，他们中的大部分住在收容所，少数被雇用的也仅能从事些简单的工作。相对于孤儿院资源的匮乏，家庭能提供更为丰富的资源刺激，这表明了家庭对儿童发展的影响效应。

Scarr 与 Weinberg（1976；1983）研究了 130 名被中上层白人家庭收养的非洲裔美国儿童和混血儿童，用智力量表测得的智商平均分为 106 分，这个分数比全国平均分高 6 分，更比非洲裔美国儿童高了 18～21 分，而对于在童年早期就被收养的儿童，测验得分更高达 110 分。这表明，家庭对儿童的认知能力有较大影响，而且也表明，对于那些不利处境中的儿童来说，干预开始得越早、持续得时间越久，效果越好。

2. 影响子女认知能力的家庭资源类型及作用机制

社会文化情境理论强调两个不同水平的情境都会影响儿童的认知发展，一个是由一般文化制度提供的远端情境；另一个是儿童周遭的社会、物理近端情境，家庭无疑是最重要的近端情境，其提供资源的丰富与贫乏将很大程度上决定儿童认知能力的发展。

（1）影响子女认知能力的家庭资源类型

已有文献对家庭背景的测量有三个视角：社会经济地位视角、资本视角与结构视角。

布劳-邓肯地位获得模型以父亲的职业地位和教育程度测量家庭的社会经济地位，奠定了社会分层研究的基础（Blau and Duncan，1967）；威斯康星模型在布劳-邓肯模型的基础上增加了母亲受教育程度与家庭收入变量，开启了家庭社会经济地位的受教育程度、职业、收入三维测量传统（Haller and Portes，1973）。后来的诸多研究承袭了这一研究思路，或分别考察父母受教育程度、职业、收入与子女教育获得、学业表现、职业发展的关系，或将教育、职业、收入等指标综合为一个社会经济地位指数变量进行分析，但结果几无例外地发现了家庭社会经济地位与子女发展间存在的密切关系。

Coleman（1988）从资本的视角批评教育、职业、收入未能全面反映家庭背景的内涵，并提出了"三资本理论"，分析家庭的经济资本、人力资本、社会资本对子女发展的影响。科尔曼的重要贡献在于强调了家庭的内部与外部关系（社会资本）对子女发展的影响。

布迪厄更重视"文化资本"的作用，并以其为关键概念构建了文化再生产理论。在实证研究中，研究者经常以父母的受教育程度、文化活动参与、家庭文化氛围对文化资本进行测量。

家庭结构可看作家庭资本的扩展，有学者称其为家庭的内生性资源（刘精明，2008）。在实证分析中，家庭规模、子女数量（及出生次序）是测量家庭结构的常见变量。

事实上，三种视角均是"家庭资源拥有状况"的表达，这些资源或单独或协同发挥了直接或间接的效应，影响着子女的成长发展。

（2）家庭资源影响子女认知能力的作用机制

家庭的经济资本、社会资本、文化资本对促进子女认知能力的发展、分化起着重要作用，其中文化资本的作用最为稳定，而尤以父亲、母亲的受教育程度最受关注。

维果茨基的"最近发展区"概念强调成人是儿童"认知发展的助推器"，认为儿童的认知发展水平决定性地依赖于社会互动所提供的指导帮助。对儿童解决某一任务的指导，需要合理安排儿童解决问题的程序，引导儿童的注意，激发儿童的兴趣；也需要根据儿童的表现实时调整问题的难度，有些指导仅需要简单的提示，有些则需要详细耐心的解释，有时需要将儿童看作学徒灌输基本的知识，有时则需要将其看作朋友、玩伴以协同参与；更重要的是，指导人本身应理解所要解决问题的某些规律特征。只有满足上述要求，才能称得上高效的指导。显然，指导的效果与指导人的素质、文化程度关系密切。而父母是最常见的儿童监护人、指导人，因此，父母文化程度的高低会直接影响子女的认知能力发展。

数能力是人类基本的认知习得能力，Saxe 等（1987）曾进行过一个关于文化程度高的母亲如何指导年幼子女解决简单算术任务的观察。他们发现，这些母亲的指导很高效，她们会根据儿童的具体状况调整帮助的水平层次，对于年幼的儿童帮助更多，进行的指导也更具体明确；对于年长的儿童帮助相对较少，而且指导较笼统内隐；年龄相同的儿童，母亲对于数能力较低者进行的指导较多也更明确。在具体指导时也表现出实时调节以适应儿童操作水平的能力，对于顺利解决问题的儿童，母亲在下一步骤的指导时通常先鼓励孩子依靠自己，或是仅给出一些不明确的指导；相反，当儿童在某一步骤上失败时，母亲总能实时调整指导水平，详细明确地解释操作过程。由于母亲高效的指导，Saxe 等发现，孩子总是能够很快习得相关技巧，顺利独立完成相应的任务。

文化资本的作用逻辑为：文化资本丰富的家庭对子女的教育期望高，这种期望会转化为实际的支持行动，如对子女的鼓励，支持子女参加更多的文化活动等，并且家庭生活方式、文化氛围更符合主流社会的标准，有助于子女通过学校教育的评估（Bourdieu，1974：32-46）；而且，教育水平高的父母，通常也有能力对子女进行辅导，帮助子女改进学习方法和技巧（Henderson，1981；Coleman，1988）。由于文化资本的影响是以潜移默化的方式贯穿于子女成长过程之中的，较少受到外界环境的干预，因此，其影响是稳定的。在以核心家庭作为基本单位的现代社会体系下，家庭文化资本对不平等的影响主要通过作用于子代能力的变化来实现，子代的能力差异形成后，就会在后续的学业表现与升学考试中以优势累积的方式不断强化，结果导致，即使遭遇较为强烈的平等化过程冲击，文化资本的不平等影响也可能因为优势再生产驱动力的作用而得以维持或不断强化（刘精明，2008）。

相比文化资本的稳定性，经济资本、社会资本更加外在易变，更容易受制度环境与社会状况的影响，但它们以资源转化的方式也可以促进子女能力的分化。经济资本常以增加教育投资（购买学习用品、好的学习环境、家教辅导等）的方式提高子女的认知水平、学业成就，当存在一定的制度空间时，它也会发挥经济优势，通过获取优质教育资源的方式间接提高子女的能力。

家庭内的亲子互动频繁，亲子关系越密切，社会资本越高，越有利于子女学习成绩的提高；家庭外父母与邻居的关系，与子女教师、学校的关系，与子女朋友及其家长的关系等越密切，社会资本越高，越有利于子女学习成绩的提高（Coleman，1988；Downey，1995）。其中可能的运作机制是：一方面，亲子、兄弟姐妹间互动频繁，部分满足了子女认知发展指导的需要；另一方面，家庭成员之间、家庭与外部关系融洽，有利于子女心理健康发展，从而有益于认知能力的发展。还有，发挥关系优势获取优质教育资源也能够间接促进子女能力的提高。

家庭结构对子女能力发展的影响有两个截然相反的作用机制。一个可以用"资源稀释理论"进行说明，即在一定的家庭资源约束下，子女数量越多，每个子女分配到的资源及父母的关注越少，越不利于其能力发展（Blake，1981；Marjoribanks et al.，1975）。当然，家庭资源的分配常常不是均等的，特别是对于有性别偏好的家庭更是如此。而且有时出生次序也会影响到资源的获得（Marjoribanks et al.，1975；Behrman et al.，1989；罗凯和周黎安，2010）。

另一个逻辑正好相反，可以叫作"互动增益理论"，即对于有较多兄弟姐妹的儿童来说，总是有较多互动的对象，这些互动可以是一般的交流沟通，也可以是恳求、争吵、恶作剧等，总之，互动的增多，客观上有纠正一些错误观念，指导认知能力发展的作用，因此在一些任务上的表现要优于那些没有兄弟姐妹的儿童，也优于兄弟姐妹少的儿童（Jenkins and Astington，1996；Perner et al.，1994）。

事实上，对于子女的能力发展而言，资源的分配总是在一定的家庭结构下进行，特别是文化资本的传递，更需要家庭中主要的文化资本拥有者的在场和积极参与，从此意义上讲，家庭中主要的文化资本拥有者是否在场是区分家庭结构类型时必须考虑的。而分析父母在场与否对子女能力分化的影响及作用机制正是本书关注的主要议题。

（二）学校的影响

1966年的"科尔曼报告"激发了学业成绩决定因素的讨论与研究。这些讨论与研究主要沿着两个方面展开：一个方面注重分析家庭背景因素对学业成绩的影响；另一个方面侧重分析学校效能，即考察教育投入、班级规模、师资质量等学校资源结构因素对学生成绩的影响。然而，与家庭背景对学业成绩具有显著影响效应结论的一致性相比,"学校究竟重要吗？"的结论却充满着争议。"科尔曼报告"的回答是学校因素对学业成绩并没有显著性影响(Coleman,1966)。但科尔曼的这一结论因其研究中统计分析方法的适用性、调查项目的全面性、学校变量测量的效度问题而饱受质疑(Hanushek,1987)。之后,更多的研究围绕学校效应进行了细致的分析：Hedges 等(1994)的研究发现,学校教育投入与学生成绩之间具有显著的正向关系；Krueger(1998)也发现,学校投入的适度增加对学生的学业成绩具有促进作用；Hanushek(1986)的研究却表明,学校支出与学业成绩之间并不存在明显的相关性；中国学者孙志军(2009)的研究发现,学校投入的提高,更有助于不利家庭背景学生的成绩提高。

在班级规模与学业成绩的关系上,大多数研究认为小的班级规模有利于学习成绩的提高。1978 年,Smiss 与 Glass 对 77 项班级规模与学习成绩关系的实验研究进行了综述,发现大多研究都支持了小班化教学对学习成绩的促进效应(Glass et al.,1982)；Ferguson(1991)的研究发现班级规模减少到18 人时,对学生成绩的效果显著,再降低规模对成绩的作用并不明显。而且,有研究发现小班级化教学对学习成绩的影响在低年级的表现更为突出,对一些弱势群体更有帮助(Robinson and Wittebols,1986),部分原因在于,在规模较大的班级中,在课堂活动机会一定的情况下,被剥夺课堂发言讨论机会的往往是那些性格内向或能力较差的学生(Cahen et al.,1983：202)。

班级规模作用于认知能力、学业成就的机制是：影响学生参与课堂活动、个别指导的机会；影响学生可得教师期望的程度；影响学生学习的课堂纪律环境,小班中用于维持纪律的时间下降,而用于指导行为的时间上升(李方安和张良才,2001)。也就是说,在班级空间、资源一定的条件下,小规模的班级成员往往能获得更多的空间资源,更多与老师互动的机会,更高程度的教师期望,更多参与课堂发言讨论的机会,这些资源有助于学生认知发展、成绩的提高。而且,在时间利用方面,小班中用于维持纪律的时间减少,用于教学指导的时间增多,美国的一项研究发现,减小班级规模后,用于维持纪律等非教学时间减少了 6%,从 20%降到 14%(Egelosn et al.,1996)。

已有文献在具体师资特征(素养、工作年限、学历等)与学生成绩的关系上结论不一。Ferguson(1991)以教师素养与职业经验衡量师资质量,并对教师进行了素养测验,结果发现,教师的素养与经验是影响学生成绩的最重要因素，教师的素养越高，学生成绩越好；教师的工作年限越长，学生成绩越好，但教学经验的作用因教育阶段而异，小学教师工作满 5 年可以达到最好的效果，高中教师则要从教 9 年才有最好的表现，而且，增加经验丰富的教师有降低辍学率，提高升学率的作用。而 Rivkin 等（2005）的研究却发现教师学历、工作年限对学生成绩的影响并不显著。Cooper 和 Cohn（1997）的研究则发现，有硕士学位的教师对学生的成绩有显著正的影响，其他学位教师的影响并不显著。而 Krueger 等（1999）却发现教师学历、资历的影响并不显著。教师学历与学生成绩不显著的关系也许与西方发达国家从事基础教育教师的学历普遍有较高相关。

在中国，由于经济发展极不平衡，教育发展两极分化，最终产成了城乡、地区学校间全方位的差距，教师学历的差异也十分明显。因此，在教师学历与学生成绩的关系上结论较为一致，即教师学历对学生成绩有正效应。但教师工作年限与学生成绩关系的结论并不统一。有些研究发现了教龄的正向效应，有些研究发现两者不具有稳定的关系，甚至发现了教龄的负向作用。例如，赵必华分析了影响学生成绩的家庭与学校因素，发现在学校层面，学校平均社会经济地位、班级平均人数、师生良好关系、教师期望对学生成绩具有正向影响，而平均教师教龄、学校文艺活动的影响为负（赵必华，2013）。

综观国内外研究，尽管多数研究认为学校资源的作用切实存在，但在具体资源特征对学生认知发展、学习成绩的影响方面，不同研究的结论并不一致。造成结果各异的原因虽是多方面的，但遗漏的变量往往是重要的一个。先不说学业成就受个人、家庭、学校、同辈群体等多方面的综合影响，遗漏某部分的变量群必然造成估计的严重偏误，就是仅仅考察学校教育效应的研究也可能由于缺少控制变量而发生偏误。例如，对教师学历作用的分析，按照最近发展区理论对指导人重要性的强调，教师无疑在提升学生认知能力方面发挥着重要的作用，受教育程度高者通常指导水平更高，但是，简单分析教师学历与学生成绩就匆忙得出的结论往往并不真实。首先，学历高并非意味着教学的积极性高、工作努力程度高，所谓"勤能补拙"同样适用于教学；其次，班级规模与学习成绩间可能存在的负向作用需要考虑，规模大的班级，学生平均得到的注意、指导、期望、互动机会少，这消减了高学历的作用；最后，学校其他的一些硬件设施、管理水平也会对教师学历效应的发挥起到或促进或抑制的作用。因此，在分析时，除了要控制个人、家庭等非学校因素外，还应纳入教师工作积极性、班级规模、学校的管理水平等控制变量。

（三）家庭与学校的关系

1. 家庭与学校的交互作用

家庭与学校是影响儿童认知发展、学业成就的两个重要因素。已有研究虽在两因素的效应何者为重方面结论不一，但在两者关系的不恒定性方面几无争论。从宏观层面讲，在不同国家、不同经济发展阶段，家庭因素与学校因素对认知能力、学业成绩的影响效应的份额不同。在社会经济发展水平较低阶段，家庭效应降低，学校效应提高；社会经济发展水平提高，学校影响效应降低，家庭影响效应增加（Fantuzzo et al.，2000）。在经济发达国家，家庭因素在预测学生学业成就方面的作用要远优于学校因素，而在欠发达国家，学校因素的预测效果要优于家庭因素，因为在欠发达国家，学校教育是作为一种稀缺商品而存在的，正是稀缺的特质，激发出学生的动机，而不论家庭出身如何（Kan and Tsai，2005）。从微观层面上看，学校对儿童的影响效应因家庭背景不同而表现各异，而且，学校效应可能激起家庭的反应，并受到家庭因素的影响。增加学校投入更有利于不利家庭背景孩子的研究（孙志军等，2009），以及家庭教育投入与学校投入间替代关系的研究（Das et al.，2004），都表明了家庭与学校间交互作用的存在。

2. 家庭对学校的选择与学校对儿童的选择

（1）基础教育领域不平等的变化：从教育机会到优质教育资源

1949 年以来，中国教育制度经历多次变革，从"文化大革命"意识形态下采取强烈的政治干预实施"政治出身"决定教育机会，到 1978 年恢复择优录取的高考制度，再到 20 世纪 90 年代以来教育的市场化、产业化发展，时至今日，虽然无论基础教育、高等教育都仍然存在着诸如严重的区域不平等、实施的重点学校制度下资源分配的极大差距等诸多弊端，但应该承认，中国教育整体上取得了巨大的成就，教育机会供给量的持续快速增加就是明证：2000 年，小学学龄儿童入学率已达 99.1%，初中毛入学率达 88.6%，基本普及了九年义务教育；2006 年，初中毛入学率也达到了 97.0%，可以说已真正意义上普及了九年义务教育。

随着教育机会供给总量的不断增加，2000 年以来的中国基础教育特别是义务教育阶段不平等的形式已然发生了变化，不平等已不再表现为能否获得教育机会，而是突出表现为对优质学校教育资源的获取。优质教育资源往往意味着更多的教育经费、更强的师资配备、更好的教学设施，这些条件无疑有助于提高学生的认知能力、学业成绩，使其在下一阶段的升学竞争中更具优势。这就是优质教育资源获得的累积性优势效应，即如果一个学生在较早的求学阶段进入重点学校学习，则其在后续的求学阶段亦更可能获得高级别或高质量学校的入学资格（方长春，2005；吴愈晓，2013）。尽管"择校"行为因国家、教育制度的不同，而表现出不完全相同的阶层选择后果，但这种行为的潜在目标并无差异，即优质教育资源意味着更好的教育回报、更大的升学机会及更高的职业地位（刘精明，2004）。这是一种将教育分流作为阶层再生产中间机制的研究视角——家庭优势地位通过使子女接受更好的基础教育，从而获得较高的受教育程度，并最终获得较高职业地位的方式得到传递（林大森，2002；王威海和顾源，2012）。这种观点事实上强调了家庭与学校对教育分流的作用，家庭背景促进了最初的教育分流，先阶段分流与家庭一起又影响了下一阶段的分流结果。

（2）家庭对优质教育资源获得的影响路径

排除强力政治干预的非正常情况，家庭背景对教育获得的影响有三个主要路径[①]：一是通过促进儿童间的能力分化而产生机会不平等；二是因个体或者家庭的选择偏好而引发机会不平等；三是通过直接干预机会配置结构而导致机会不平等（刘精明，2008）。

第二种路径对应于布东的"次属效应"，指在升学/入学决策时，由于弱势阶层对升学的风险承担能力较弱或者对教育预期收益评估较低，导致其中一些人过早地退出竞争，这样就在机会均等的名义下，让弱势阶层家庭基于理性选择，在自愿的表象下隐蔽地实现了排斥的目的（Breen and Goldthorpe，1997）。李煜（2006）形象地称之为家庭背景对教育获得的"隐性"排斥。

相比"隐性"排斥，优势阶层也常运用丰富的经济资本、社会资本进行赤裸裸的"直接"排斥，以直接干预机会配置结构的方式影响子女的教育机会，其运作方式是完全背离择优录取原则，仅考虑家庭出身或者经济能力，

---

① 关于先赋因素影响教育不平等的路径有很多模式性概括，除"三路径"模式外，布东的"首属效应"与"次属效应"模式较有影响，李煜的"文化再生产、资源转化和政策干预"三模式概括也广受关注。这些模式虽各有侧重，但总体上并无大的差别。

从而将非特定社会背景的子女排斥在外的机会垄断及一定制度空间下的"插队"（李煜，2006）。但这种排斥路径因其明目张胆的集体排他性而广受诟病，是一种非正常的状态。相比直接排斥，家庭通过子女的能力分化而影响教育获得的路径更为常见，虽然以能力水平为唯一标准的贤能主义也饱受如再生产理论的批评——这不过是优势阶层最大化维持不平等或有效地维持不平等的一种策略，不平等不会因为择优录取原则而减弱，但相较而言，以非集体性排他的"后致"能力作为获取教育机会的标准更易为大众接受，也更契合机会均等、公平竞争的现代社会游戏规则。

随着现代社会平等化运动的扩张，教育领域平等化的呼声也会更加强烈。就中国教育体制的现状而言，虽仍存在诸多弊端，但应承认，教育领域的不平等至少在某些阶段或某种程度上下降了。而且，由于现代公民意识的增强，那些以先赋特征进行教育排斥的政策已为千夫所指，改革是必然的。因此，可以谨慎地判断，在社会平等化进程中，随着教育机会供给量的持续增加，虽非必然意味着教育领域的平等化趋势的增强，但教育选拔机制中以能力为标准的贤能主义原则将越来越占据主导地位。这样，就教育获得而言，不平等将主要由家庭背景促进子女能力分化造成，个人能力成为教育获得的关键。也正是基于此，本书以儿童的"认知能力"这一关键概念勾连乡城流动与阶层再生产或向上流动的方式应该是可行的。而能力分化的出身效应，家庭背景如何促进子女能力的分化，也正是本书关注的重点。

（四）社区的影响

"认知能力的文化传递不仅通过与家庭成员互动的方式发生于核心家庭，而且在更广的社区范围内通过与教师、同辈群体、邻居及其他任何'社区家庭'成员互动的方式进行。"（Coon et al.，1992）这种将社区视为大家庭的观点无疑认为社区资源环境对儿童的成长发展具有重要作用。早期的一些研究也分析了社区特点与儿童发展的关系，不过关注点主要集中在社区的人口密度、贫困状况、失业率与青少年犯罪的关系上，仅有少量研究探讨了社区特点对儿童认知能力的影响。Hollos 和 Cowan（1973）抽样测量了挪威农场、村庄与城镇7、8、9岁儿童的逻辑运用与角色扮演能力，发现社区环境对儿童的角色扮演表现影响显著，生活在农场的儿童在角色扮演能力上得分最低，原因在于农场社会的孤立程度较严重，儿童的相关能力发展得不到足够的支持。

Leventhal 和 Jeanne（2000）对已有关于社区对儿童认知与学业成就影响的研究进行总结，归纳了这些研究关注的社区因素，这些因素主要有社会经济地位、种族民族分布、男性失业率、女性就业率、领导性别、管理/专业人员的比例、社会剥夺、安全状况等，然而，在控制了个体与家庭因素后得出的社区特征的影响结论并不稳固甚至截然相反，相对一致的结论是社区经济状况的影响效应：经济状况越好的社区，越有利于儿童的认知发展、学业成就。在回顾已有文献与自身研究的基础上，Leventhal 和 Jeanne 提出了社区影响儿童行为发展的三个机制：

1）社区资源，包括学校、医疗及儿童保健设施、就业机会等一切可以利用的资源。

2）关系，包括父母特征、父母可获得的支持网络、父母教养方式及家居环境的质量结构等。

3）规范效能，指社区中的正式或非正式制度对儿童行为及面临风险的监管。

对儿童的认知发展而言，最重要的社区资源是内嵌于社区中的学校资源，最重要的社区关系是儿童与教师、同辈群体的交流互动关系，最重要的社区规范是社区的文化氛围。学校资源因所处社区/区域不同而有异，甚至同一社区内部主管部门对不同学校的投资意愿也可能不同，这就导致了教育资源分布的不均衡化、教育质量的良莠不齐，而教学质量是认知发展的关键因素，教学质量低下的学校甚至对儿童的认知发展有负面的影响（Neisser et al.，1996）。师资质量是最关键的教育资源，与教师互动交流的机会、质量和儿童的认知发展密切相关，而优质师资的分布也因社区、学校而异；儿童经常接触的同辈群体，除兄弟姐妹之外，最常见的是同社区的同学或小区内的玩伴，从互动对象的角度讲，他们的认知水平也会影响儿童的认知发展。社区的文化氛围对儿童的认知发展具有引导作用，丰富的社区文化起到激励作用，从而有助于儿童认知发展，贫乏的社区文化对儿童认知发展无作用甚至有负面影响。一些学者认为，中国农村留守儿童的诸多负面表现（生活、学习、心理等）都源于"农村的虚空化"（严海蓉，2005）"农村社会的解体"（谭深，2011）和"村庄的凋敝和空心化"（江立华，2011）。

（五）同辈群体的影响

对年幼儿童的成长发展来说，父母/看护人的作用极为重要。随着年龄的增长，特别是儿童入学接受学校教育之后，家长、家庭的作用逐步减弱，学校、同辈群体的影响逐渐增强。尤其对于身处亲子分离状态的儿童而言，家庭的功能往往有所弱化，学校与同辈群体的作用更加重要。

已有研究较多关注同辈群体对儿童社会化的影响，较少分析同辈群体对儿童认知发展的影响效应。Helmers 和 Patnam（2011）进行了这样的研究，发现同辈群体对儿童认知技巧的形成有较强的积极效应，而且，同辈群体具有帮助儿童抵御不良因素对学习冲击的作用。

Durlauf（2004）列举了邻里及同辈群体影响儿童发展的三个机制：模仿机制，纯粹模仿同辈群体的行为；参照机制，当儿童面临约束时，可能参照类似的行为，因为这样做可以减少受惩罚的风险；行为后果预判机制，儿童根据同辈群体的行为，改变对于此类行为后果的看法，从而调整自身的行为。简单来说，同辈群体对儿童认知发展的影响以互动的方式实现，与同辈群体的交流互动过程，丰富了儿童的生活经验，增强了儿童对于社会的认识，使儿童清楚在特定的情境下采取什么样的方式、行为才是合适、恰当的，以及要到达预期目标需要进行什么样的行为调整。从此意义上讲，互动对象的水平、互动频率、互动质量综合影响了儿童获得的生活经验与社会信息的丰富程度，也决定了同辈群体作用方向及效应大小。

同辈群体往往具有较大的同质性，兴趣爱好、行为经历的趋同，以及相同相近的学校或居住区是表面原因，深层次原因在于相似的家庭背景。儿童经常接触交往的同辈群体有兄弟姐妹、同学、居住区玩伴。

（六）儿童自身因素的影响

在研究认知发展时，年龄与性别是研究者经常关注的儿童自身因素。

关于认知发展，大多数研究者同意以下看法：认知的发展既受生物基础的影响，也取决于后天环境；遗传因素限制了认知发展的范围，后天环境则影响了认知的开发程度。由于认知发展受后天教育、经历的影响，并以生活经验为基础，因此认知能力通常随着年龄的增长而增强，并且在幼年期及青春期增强的速度最快，成年期增速放缓，老年期甚至有衰退趋势。由于认知能力在儿童期的不稳定性，分析相关问题时就有必要考虑年龄因素。

与年龄密切相关的年级因素也要加以考虑。对在学儿童而言，年龄越大通常年级越高，由于认知能力测试本身也部分反映了学校教育知识的习得结果，年级高的儿童往往有着更好的测试表现。

儿童认知能力也可能存在性别差异。西方国家的认知测验表明，从整体上讲男性在数学能力、空间能力上强于女性，而女性的言语能力占优；言语能力的性别差异发生较早，幼儿期就开始出现；数学能力的性别差异出现稍晚，而空间能力的性别差异则出现于少年时期（张厚粲和王晓平，1996）。张厚粲和王晓平（1996）利用韦氏儿童智力量表对中国儿童进行测量结果发现，中国儿童的总体认知能力的性别差异开始于8岁半，空间能力的性别差异（男孩占优）发生于11岁半；男性解决生疏问题的能力优于女性，而女性信息加工的能力强于男性；而男女在数学能力上差异并不显著。

第四节 小结：认知发展因素的社会学观点

认知是一种高级的心理活动过程。关于认知能力与阶级/阶层的关系从来都充满了争议，而争论各方的立场也旗帜鲜明。遗传决定论者（主张认知能力由先天遗传决定）认为认知能力与所属阶级没有关系。Herrnstein 和 Murray（1995）在《贝尔曲线：美国生活中的智商和阶级结构》（*The Bell Curve: Intelligence and Class Structure in American Life*）一书中就明确指出，智商主要是由遗传基因决定的，其天生性与社会阶级属性没有任何关系，是基于遗传基因的智力和能力造就了人们社会地位的差异。

与遗传决定论相对立的是环境决定论，该理论主张认知能力完全由后天环境决定。

但正如文献回顾中所述，这两种观点都太过极端，更广为接受的观点是遗传与后天环境共同影响了儿童的认知发展。在遗传与后天环境何者为重方面，也许这样一种观点是可以接受的：遗传因素限制了个体认知发展的范围，而环境因素影响了个体认知的开发程度。这一立场隐含了可以通过调配设置后天环境从而在一定范围内改变认知水平的积极取向；也同时建议研究者们在进行相关问题研究时应该尽量纳入能够测量遗传效应的变量，或者对没有相关信息的研究结论保持审慎的态度。

不过社会学对此的研究并不太注重对遗传重要性问题的讨论，而是对后天环境给予更多的关注，并从社会经济地位的差异解释后天环境因素的差异，进而对认知能力的发展做出解释。伯恩斯坦的语言编码的阶级差异理论、布迪厄的文化再生产理论等，都将特定知识和认知能力的形成纳入社会阶层再生产的分析框架中，给认知能力的发展打上了社会阶层的烙印。但这些社会再生产理论仅就特定的认知形式（如语言）或文化资本的形成过程展开讨论，对心理学家关心的人的认知发展过程、社会化过程中的众多影响因素，如家庭背景、就读学校、居住社区、同辈群体等环境变量，并未建立起直接的理论联系。本书努力目标之一便是，以认知能力为切入点，以阶层划分（农民阶层、农民工阶层、城市各阶层）的方式，将所属阶层的家庭、学校、社区、同辈群体等资源环境因素与认知发展联系起来。更为重要的是，以社会变迁事件——乡城流动对认知发展的冲击来考察阶层与认知能力关系的稳定性。基于此，我们有必要对认知发展与阶层限制的关系进行深入细致的梳理。

第四章　认知发展与社会阶层

从第三章的理论讨论可知，认知水平或智力与社会阶级（或阶层）之间的关联，早已为心理学家、社会学家们所关注。从高尔顿等遗传决定论的提出到博特智力与社会阶级关系的研究，近两个世纪以来，遗传与阶级的关系这个令人不安、不能回避但又不敢正视的话题，引发了一场又一场激烈的争论和讨论。直到最近《贝尔曲线》一书的发表所引发的广泛质疑和批评，表明这样的争论是持续的，甚至可能是看不到尽头的。本书无意陷入这样的争论之中，我们试图努力的方向只是沿用社会学的一些分析视角，遵从心理学特别是儿童发展心理学的一些重要理论观点，对影响认知发展的一些因素进行社会学的归纳和推论。

儿童发展心理学告诉我们，基因固然是重要的，但环境的作用也至关重要。"基因和其他生物因素都影响（人类心理和行为的）发展，即使那些具有重要遗传基础的行为也在很大程度上受个体所处的环境的影响。""人们已经认识到，通过基因—环境的交互作用，基因的作用会被环境所调节；在这一交互作用中，基因会影响周围的环境，而环境反过来影响显性基因的表达……"（戴蒙和勒纳，2015：19）在认知测量领域，"弗林效应"是一个更有力的环境变化对认知智力产生影响的例子。Flynn（1987）发现，针对新西兰 14 个民族的成人标准智力测验的分数近几十年在不断地增加。"弗林效应"后来在美国、加拿大、肯尼亚以及欧洲各国等 20 多个国家被发现（戴蒙和勒纳，2015：746）。科尔（Cole）认为弗林效应对什么是"IQ 测验"给出了解释："包括营养和健康的改善，环境复杂度的增加（如先进的科技、机械玩具、视频游戏，还有无处不在地暴露于电视与其对解释和信息加工的特殊要求），家庭规模大小的降低及随之产生的家庭结构的变化，还有父母读写能力的提高"，这些都可能改变人们的认知能力。科尔进一步认为，即使所有这些因素都可能与生物因素相关（如营养健康的改善），但它们的起源则是与文化因素相关的（戴蒙和勒纳，2015：746）。

基于这样的认知发展心理学的理论观点，社会学就有理由相信，由于个体所处的环境条件总是具有系统性差异的，这种系统性的区隔就有可能造成认知发展水平的重要界限。社会学普遍认为，营养健康水平、家庭背景、就读学校、居住社区、同辈群体等环境变量都是个体的社会属性的体现，具有阶层分化的基本特征。所处社会阶层位置不同，意味着成长环境的差异，这无疑会深刻地影响认知发展。因此，本书借用社会再生产的理论分析视角，将这种系统性差异界定为阶层之间的差异。

在我国，城乡差异有日益扩大的趋势，城乡分化的表现或后果之一为农民与非农的经济收入差距拉大，而资源的拥有状况对子女的成长发展至关重要，故此，为对"认知发展的阶层限制"这一研究主题进行更有效的探索性分析，本书充分重视农民与非农民的差异，也将选取城市与农村之间的儿童认知环境差异作为主要的研究内容。当然，我们更感兴趣的是儿童成长环境变化所引发的认知发展的差异。由于在当前宏阔的城镇化背景下，数以亿计的农村人口向城市流动、迁移，从属于这些处在流动和迁移过程中的家庭的儿童面临的认知发展环境也发生了相应的改变。这种环境的变化是否能给流动儿童带来超过自身阶层的认知水平的提高？它给留守儿童会带来什么样的认知发展的影响？这是本书的两个核心问题，本章将对此进行一定的理论建构和分析。

第一节　认知发展与阶层再生产

一、阶层再生产与农民工子女的代际流动

马克思指出，劳动力再生产包括劳动者自身体力智力的维持更新及后代

的培养补充。布洛维则将劳动力再生产明确区分为"维持"与"更替"两方面，"维持"是对劳动者自身而言，"更替"则强调了对子女后代的养育。本书关注的是进城务工经商农民工劳动力再生产的"更替"方面。

本书将涉及的所有阶层划分为：农民阶层、农民工阶层、城市各阶层。对于农民阶层，虽然其内部有着明显的分化，但整体上作为一个阶层还是被大多数研究者所接受认同的。而另外的对农民工阶层与城市各阶层的划分则稍显争议，需要做出说明。关于农民工阶层的划分，本书是基于以下认识做出的。判断一个群体是否已经成为一个阶层通常用以下三个标准来衡量：①是否具有相同/相近的社会经济地位（客观标准）；②是否具有相同/相近的阶层意识与阶层认同（主观标准）；③是否具有相同/相近的阶层行动（行动标准）。在社会经济地位上，农民工群体虽然还没能够达到城镇工人的地位，但他们又是工人，而非农业劳动者，这不仅因为许多农民工没有务农经验，而且因为他们有着比农业劳动者更好的经济收入，不愿从事农业生产；与此同时，在社会实践和社会舆论的推动下，农民工的阶层意识正在形成，有着越来越多的集体行动，在这样的行动中，他们慢慢认识到所属阶层的存在，认识到集体的一致性。依此判断，现阶段的中国，农民工群体已经呈现出明显的阶层化表征（王春光，2005）。

城市各阶层的划分则具有明显的统括性，这种划分无疑遮掩了城市社会内部群体间存在的巨大分化。可以判断的是，在城市社会，有些群体（如无业、失业群体）的生活境遇无疑比农民工阶层更差，社会地位也更低；有些群体则拥有比农民工阶层更高的收入与阶层地位。从此意义上讲，这种统括式的阶层划分方式显得不够精细。但一个基本的事实是，作为一个相对发达的经济体的城市社会，其内部大多数群体拥有着更为丰富（相比农民工）的资源，也就是说，农民工在城市社会处于明显的弱势地位，这一点上大家是有共识的。进而言之，将城市各阶层看作一个具有明显高于农民工阶层地位的整体也是可以接受的（这一地位高低的判断应是综合性的，不能仅从经济收入方面判断）。

在阶层划分的基础上再来谈谈阶层再生产与社会流动。阶层再生产是阶层的自我复制，是一个与社会流动相对的概念。优势阶层再生产与弱势阶层再生产有着紧密的联系但却有不同的路径。前者指具有某种社会优势、居于垄断位置的社会集团，基于维护、延续、强化地位与利益的需要，以各种方式手段使自身优势位置能够保持并传递给子代的机制（李路路，2006）。后者则指因种种不利结构性因素的强力阻滞，导致不利社会位置传递给子代的机制。农民工阶层再生产指受多种结构性因素的影响，作为一个整体的农民工子女可能重蹈父辈的命运，完成阶层再生产。

社会流动是个体在阶层内或阶层间的流动，可分为水平流动与垂直流动两种类型。水平流动指职位工作的变动，这种变动并不带来阶层归属的变化。垂直流动指个人因为经济所得、声望变化等所造成的向下或向上的流动，这种流动改变了阶层归属。向上流动通常是指个体获得财富与声望的流动，向下流动通常是个体失去财富或声望的流动。农民工从农村向城镇的流动，往往意味着从经济欠发达地区向较发达地区的流动，从农业向工业、商业、服务业等的职业流动，从农民阶层向其他阶层的流动，因此，农民工流动绝不仅仅是劳动力的地域转移，还是一种社会流动。本书关注的重点是：农民工流动对子女的成长发展有何影响，或者说农民工流动是促进了子女的向上流动或者为向上流动奠定了基础，还是导致了阶层再生产。在家庭出身与最终地位联系模式方面，Hout（2004）的研究发现，在不同的国家，家庭出身与最终社会经济地位间的关联强度虽有差异，但关联的模式却相似，呈现出社会继承性和短距离流动的主导特征，代与代之间表现出显著的优势持续性。

循此模式，本书中的"阶层限制下儿童的认知发展"有以下含义：儿童的认知发展与所属阶层相关，阶层优势或劣势的持续性在认知发展中表现得较为明显，存在代际间以继承性为主要特征的关系模式；受某些因素的影响，认知发展的模式也会表现出以短距离流动（变化）为主导的特征。

二、认知能力是阶层再生产/社会流动的重要机制

各群体对资源占有/使用的分布状况反映了社会分层结构，资源在父代与子代间的传递及变化反映了阶层再生产与社会流动状况。因此，父代的资源地位传递给子代的过程机制一直是社会分层与流动研究关注的核心问题。布劳-邓肯的地位获得模型（Blau and Duncan，1967）就是关于社会流动机制的经典研究。模型的一个著名结论是：教育是社会再生产或社会流动的重要机制。这一观点被后来几乎所有国家的实证研究反复验证（Ganzeboom，et al.，1991）。

事实上，布劳-邓肯的地位获得模型自提出之日起，就受到了质疑、挑战。特别是其没有充分讨论的中间机制部分（家庭背景如何影响教育获得），更是后来者进行拓展创新的集中之地。威斯康星模型（Wisconsin Model）最成功之处就在于引入社会心理变量丰富了布劳-邓肯模型"家庭背景—教育获得"的因果链。这些变量有"智力""重要他人"和"教育期望"等（Sewell and Hauser，1992）。Duncan 等（1972）在《社会经济背景与成就》一书中，明确将智力作为中间变量纳入模型进行分析，发现了童年智力水平对教育获得的重要影响。这样，认知能力（智力）为阶层再生产/社会流动重要机制的观点开始受到关注。

其实，能力研究受到重视也与第二次世界大战以来的社会思潮有关。在第二次世界大战后社会发展的平等化进程下，社会选拔机制对贤能主义（meritocracy）的强调越发突出，虽然不平等背后的阶层因素不可忽视，甚至有加强的趋势，但对于个体社会经济地位具有重要意义的教育获得不平等将越来越直接由能力分化造成（Griliches and Mason，1972；Grantham-McGregor et al.，2007；刘精明，2014）。另外，心理测量技术也在逐步提高，数据积累更为丰富，认知能力与教育、地位获得的研究越来越多。认知能力被诸多研究证明是有效预测学业成就、教育获得的指标（Jencks，1979；Neisser et al.，1996；Cawley et al.，2001；Kuncel et al.，2004；Walker et al.，2007）。不仅如此，已有研究还发现认知能力对于个人经济收入水平、劳动力市场中职业地位的获得具有重要作用（Griliches and Mason，1972；Hauser and Huang，1996；Kuncel et al.，2004）。最近一项利用美国社会追踪数据的研究发现，较高的认知能力，往往意味着更长的受教育时间、更多的收入和更高的职业成就；而且，认知能力具有补偿家庭背景劣势的作用——如果拥有认知优势，即使家庭背景不太好，也可能获得更高的经济收入（Damian et al.，2015）。而 Deary 等（2005）的研究更是明确指出儿童的认知能力是以教育、职业获得为中介变量而最终影响成年阶层地位的。

这样，在现代社会，认知能力与阶层地位的获得间呈现出如下关系：认知能力影响教育获得，而那些获得了教育特别是优质教育的人，总是能够"走在最前面"，他们在劳动力市场竞争中占据优势位置，也往往能获得较高的经济回报，从而最终获得优势的阶层地位。基于这种认识，本书在认知能力与社会流动或阶层再生产间建立了关联（图 4-1）。

图 4-1　认知能力与社会流动/阶层再生产关联图

需要说明的是，此认知能力与社会流动/阶层再生产的关联模式仅仅是一种理想化类型，本书是在可能而非决定的意义上表述两者的关系的，即认知能力水平的发展有利于向上流动的实现，或者为向上流动的实现奠定了认知基础；相反，认知能力水平的弱势，则可能导致底层再生产的发生。

基于以上认识，本书将认知能力看作农民工阶层子女重蹈父辈命运（阶层再生产）或向上流动的关键标准，即通过乡城流动与儿童认知发展的关系，预判乡城迁移对儿童社会流动的基础建立的影响。

三、认知环境的社会阶层差异

社会生态系统理论将儿童成长生活的环境看作一个社会生态系统，这个系统中的一部分，儿童要直接面对，如家庭、学校等；而另外的部分，如文化、制度等，离儿童较远，儿童的认知发展正是由这些远端、近端的环境共同决定的。最近发展区理论同样强调了认知环境的重要，认为成人是儿童认知发展的助推器，并将"儿童现在所处的地方与在他人帮助下所能达到的地方之间的这块区域"称为"最近发展区"，认知发展就是对"最近发展区"的跨越，成人或年长同伴的指导和帮助可以使儿童顺利地实现这一跨越（弗拉维尔等，2002：21）。

认知环境的系统性差异是造成认知能力水平分化的重要因素，但不同社会阶层提供给子女的认知发展环境从来泾渭分明，差异明显。家庭背景、就读学校、居住社区、同辈群体、营养健康水平等环境变量都是个体社会属性的体现，也是阶层分化的标志，社会阶层位置不同，儿童成长中的这些环境状况往往也不同。

在家庭资源方面，不同阶层家庭资源的拥有状况明显不同。Amato 和 Ochiltree（1986）将家庭资源区分为结构资源与过程资源两种类型，前者包括家庭收入、父母职业地位、父母受教育程度、家庭拥挤状况、住房条件、邻里关系、父母数量、父母健康状况等，后者指父母给予子女的期望、帮助、交流，也包含父母的兴趣，家庭的冲突、凝聚力等。无论是结构资源还是过程资源，优势阶层都优势明显。相比贫乏资源家庭的父母总是为子女的吃穿住等基本的生活条件而奔波辛劳，拥有丰富资源家庭的父母不但能够满足子女基本的生活保障，还能提供更为"奢侈"的有利于子女潜能开发的资源，如书本、旅行等。在丰富家庭资源的支持、鼓励与引导下，子女往往能够克服许多困难、挑战并获得较高的成就；相反，家庭资源的匮乏，意味着子女可获得的支持与鼓励有限，这可能导致其自我期望与自信的降低，最终的结果往往是这一群体在竞争中落后于同龄人。

布迪厄从资本的视角论述了家庭资源的阶层分化，指出优势阶层家庭往往拥有丰富的文化资本、经济资本与社会资本。文化资本丰富，意味着儿童能够获得高质量的指导、较高的教育期望、实际的支持与鼓励；丰富的经济资本与社会资本则以增加教育投资、获取优质学校教育等资源转化的方式促进子女的能力发展。相反，弱势阶层家庭的社会经济地位比较弱，父母的受教育程度往往不高，无法提供高质量的认知指导，经济资本与社会资本的贫乏也难以以资源转化的方式弥补指导的不足。

拉鲁（2010）在《不平等的童年》一书中，揭示了美国社会中家庭教育方式/资源的显著阶级差异：协作培养（中产阶级）和成就自然成长（工人阶级和贫困家庭）。工人阶级和贫困家庭子女拥有更多的自主权和闲暇时间控制权；在这些家庭中语言更多的是一种社交工具，指令性的语言很普遍；这些家庭也往往顺从于学校教育。中产阶级父母在协作培养的教养逻辑下，给孩子安排了各种活动，毫不犹豫地为了孩子的发展而干预各种事务（包括学校教育），也往往为了提高子女的语言能力而使用语言，家庭生活中也有大量的磋商活动。正是阶级地位的差别，导致了教养孩子文化逻辑的不同，最终不同的教养方式对孩子的发展将显示出截然不同的意义：中产阶级子女虽然漏失了与亲戚的联络，以及自己的闲暇时间，却在教育等机构中获得了优越感的同时也获得了的重要优势，习得了进入工薪世界的宝贵技能；而工人阶级和贫困家庭子女则在教育机构中体验到了疏离感和局促感，这不利于学业的成功与劳动力市场的竞争。

学校教育从来是彰显阶层差异的地方。符应理论的内涵之一为家庭背景、教育成就与职业地位相互符应，即家庭背景不同，教育成就往往有差异，最终职业地位也不同，三者之间存在一种符应机制。诸多实证研究都发现，当学校教育资源稀缺时，社会经济地位高的家庭（优势阶层）的子女总是能获得更多的学校教育机会。随着社会经济的发展，学校教育机会供给量持续增加，教育不平等的形式发生了从能否获得教育机会到能否获得优质教育资源的转变，学校教育的阶层分化表现为：社会经济地位低的家庭（弱势阶层）的子女受教育的时间往往较短，就读的学校质量较差；相反，优势阶层子女更易在质量较高的学校就读，也更可能获得受高等教育的机会，而且所读的专业也往往比较热门。

中国经验的研究也表明，相比弱势阶层家庭，优势阶层家庭子女总是能够就读更优质的学校，且具有累积优势，教育层次越高，优势越明显。罗仁福等（2009）在陕西、甘肃和河南3省6个县贫困农村的调查发现，接受了学前教育（包括幼儿园和学前班）的儿童比例仅为44%。这一比例远低于城市儿童。不仅如此，许多农村幼儿园也存在着场地简陋，建筑不达标，教学用品陈旧缺乏，规章制度不规范，师生比失衡，课程设置随意，教师数量少、素质低、待遇差、流动性大等问题（刘晓红，2012）。城乡教育差异在义务教育阶段同样存在，甚至有扩大趋势。结果是即使高等教育持续扩招，重点高校的农村学生比例却明显下降（杨东平，2006）。学校教育的阶层分化不但表现为城乡差异，更表现为家庭社会经济地位的差距。社会经济地位高的家庭总是能够让子女就读更好的幼儿园、小学、中学（现阶段的中国，由于事实上的重点学校制度的存在，义务教育阶段也呈现出明显的阶层分化特征）。这样，经过不断的优势累积，最终优势阶层子女能够获得更多的高等教育入学机会，而且在专业分布上，热门专业总是集中着更多的优势阶层的子女（杨东平，2006；王伟宜，2006）。吴愈晓和黄超（2016）则以"学校的阶层分割"概念描述来自不同阶层的学生聚集在质量高低不同的学校，从而导致学校间存在显著的阶层构成差异的现象，并通过对"中国教育追踪调查"2013—2014年基线数据的分析，发现了我国初中学校间存在着显著的阶层分割。学校的阶层分割对学生的教育期望产生了显著的影响，阶层地位越高或阶层异质性越大的学校，学生的教育期望越高，反之，教育期望越低。

社会阶层的差异也体现在居住的社区环境上。不同社会阶层在社会经济地位上的差异往往体现为居住空间的差异，不同社会阶层的人们，由于受到不同的结构性条件的制约，选择了不同的居住方式，即"择邻而居"。表现为，一些生活与居住质量非常类似的社区，居住着一些在生活条件、机会上相似的人群；生活在这样社区中的人群，逐渐形成了相似的生活方式与地位认同，从而产生出相对封闭的社会阶层群体（刘精明和李路路，2005）。Rex 和 Moore（1967）甚至依据居住的空间位置、住房条件的差异将城市住房群体划分为不同的"住房阶级"。虽然现阶段的中国，以居住空间划分阶层的方式并不普遍适用，但在经济收入差距日益增大，土地区位优劣决定的住宅价格的多样化，住宅的商品化、市场化、人口流动的自由化等因素的推动下，社区的阶层化有日益明显的趋势（徐晓军，1999）。优势阶层往往居住在配套设施完备、教育体系发达、文化丰富的高档社区，而弱势阶层居住的社区往往资源贫乏，对子女认知发展的促进有限，甚至有负面影响。

学校的阶层分割与社区的阶层分化决定了儿童的同辈群体类型差异，相同阶层背景的儿童也因此有了更多的互动可能。根据同辈群体效应理论，儿童认知发展、学业成就与同辈群体的类型密切相关（Winkler，1975）。在优势阶层家庭儿童的互动中，同辈群体成为教育的催化剂，对学业成绩或教育获得更加有利；在弱势阶层儿童同辈群体中，无心向学、不良行为甚至越轨的情况更多，因而对个体的教育结果会产生负面影响（吴愈晓和黄超，2016）。

城乡是扩大化的居住空间。现阶段的中国，二元格局下城市与农村经济的两极分化，导致大规模精壮劳动力进城，农村出现了"虚空化"（严海蓉，2005）"社会的解体"（谭深，2011）和"村庄的凋敝和空心化"（江立华，2011）等社区人文环境恶化现象。与之相伴的是，城乡居民收入逐渐扩大、学校教育两极分化。城乡两极分化的现实对儿童发展有着深刻的影响：加剧了城乡儿童的认知差距，阻滞了其向上的社会流动。

综合上述分析可知，虽然一定意义上，青少年亚文化问题具有跨越社会阶层的特点，这导致当代不同阶层子女面对的危险存在某种程度的相似性，但整体上看，所处阶层不同，孩子们成长发展环境往往不同：底层阶层环境对子女物质、知识和情感获得形成明显威胁；工人阶层环境则限制了孩子的经历和机会，使他们不能很好地为上学做准备；中产阶层子女则往往面对机会过剩，他们能够为上学和取得好的学习成绩做充分的准备，能够得到更多的关于这个世界的信息（莱文和莱文，2009：79-80）。

第二节 迁移、流动对儿童认知发展的影响

再生产理论、认知发展理论都强调了家庭和学校对儿童成长发展的重要意义。在学前儿童的社会化过程中，家庭发挥着无与伦比的作用，优势阶层家庭的文化资本可以通过长时间言传身教的方式传递给子代，也可以通过经济资本、社会资本转化的方式间接传递给子代，这样，儿童的学识在入学之前已经发生分化，而学校总是谄媚于优势阶层文化，结果是延续强化了各阶层子女的差距。文化资本、经济资本与社会资本的分析策略同样适用于考察农民工家庭的资源对子女成长发展的影响。考虑到留守与流动家庭的不同，对流动儿童而言，也许更应该关注流动前后家庭环境变化的影响；而对留守儿童而言，更应该关注由于父母外出导致的家庭结构变化及经济状况改善对子女发展的影响。另外，在中国，由于存在明显的区域差异，对学校效应的分析应考虑到城乡差异、东中西部地区差异、大中小城镇差异，还要考虑到不同学校类型差异（如公办学校与打工子弟学校的差异）。而且，从干预的角度讲，从更易调整的学校入手，改善弱势阶层子女的受教育状况，也许是一条促进社会公正、和谐的可行路径。

一、父母外出、家庭变化与留守子女的认知发展

对留守儿童而言，父母外出工作最重要的影响体现在家庭变化方面。父母外出、子女留守，意味着家庭结构的变化，父母照顾与监督的缺失，特别是对于父母双方外出的留守儿童，看护人发生变化，而这些看护人的文化素养、指导水平往往高于现在的看护人，因而儿童可得文化资本、指导水平与原来相比很可能减少，这些都不利于儿童的认知发展。积极的一面是，父母外出工作，往往意味着家庭经济收入水平的提高，儿童营养状况及儿童可得教育资源的改善，这有益于儿童的认知发展。

从儿童成长的社会生态系统看，父母外出只是引起了家庭结构的变化，学校、社区与同辈群体等其他可能影响儿童认知发展的重要近端情境并没有

改变。但是，在城乡差距扩大、大规模精壮劳动力进城背景下，农村社区日益虚空、衰落；同时，二元分割下的农村教育与城市教育的差距也在扩大，这些状况都不利于包括留守儿童在内的所有农村儿童的认知发展。

二、儿童流动、生态环境变化与认知发展

同样从儿童成长的社会生态系统看，儿童跟随父母的乡城流动，使与儿童生活学习密切关联的居住社区、就读学校、同辈群体都发生了变化；家庭结构可能变化不大，但家庭的经济收入、社会关系也有改变，即对流动儿童而言，从农村到城市的迁移，是一个生态环境发生整体巨变的过程。这种巨大变化对儿童认知发展造成的不利影响可能首先表现在对新生态系统的适应上，对新的城市环境、居住社区的适应并非易事，新的师生关系、同辈群体关系的建立也需要时间。

更为不利的是，流动儿童面临着充满歧视的制度环境。义务教育制度"地方负责，分级管理"的模式，教育经费按照户籍学生数下拨的方式，为城市公办学校排斥流动儿童提供了政策依据；以流入地政府与公办中小学为主的政策虽一定程度上增加了流动儿童的公办学校教育机会，但是这一规定并无法律上的强制意义，地方政府总能以"地方负责，分级管理"的义务教育财政拨款制度轻易地逃避相关责任。而市政府对待"打工子弟学校"的政策导向也往往在帮扶引导与限制打压间摇摆不定。还有，城市政府对流动人口及子女在就医、社会保障方面的歧视性政策也给流动儿童的成长发展带来了挑战。

从抵抗理论的逻辑讲，农民工从乡到城的流动既是受现实经济状况所迫的被动行为，也是追求更好生活的主动选择，有着不屈从于制度安排的抗争意义。农民工的流动包含了三种含义：地域上从农村向城市、从欠发达地区向发达地区的流动；职业上从农业向非农产业的流动；阶层上从低收入阶层向高职业收入阶层的流动（李培林，1996）。从地域流动看，儿童从农村到城市的流动意味着由贫乏到丰富环境的转换，由劣质教育资源到优质教育资源的过渡，这有益于认知发展。农民工流动不仅仅是劳动力流动、地域流动，还是一种社会流动。由于农民在中国社会分层结构中本就属于最底层，所以始于农民的社会流动往往是向上的流动，有关研究也证明了这一点。李春玲（2011：244-247）的研究发现，总体而言，农民通过迁移过程不但提高了收

入，改善了经济地位（根据 2002 年一项调查数据计算，农民工经济地位向上流动、无明显变化和向下流动的比例分别为 83.7%、14.3%和 2.0%），而且通过职业变动实现了社会地位的向上流动（上升社会流动、未流动和下降流动的比例分别为 85.8%、8.0%和 6.2%）。农民工社会经济地位的向上流动对子女的成长发展势必会产生一些积极效应，特别是部分农民工克服在城市生活居住的种种困难，坚持让子女在比流出地质量更优的城镇学校就读，也十分重视对子女的言传身教与发展投资，这些努力肯定在某种程度上为子女向上流动基础的建立提供了实质性帮助。体现在本书中，就是农民工的抗争可能有助于提高子女的认知能力，使子女向上的社会流动成为可能，而这种抵抗在多大程度上发挥了效应正是本书的重要议题。

此部分只是为构建实证分析框架而进行的关于流动与儿童认知发展关系的简单论述，更为详细的两者关系的梳理见后文。

第三节　实证分析框架

沿着上述影响儿童认知发展的思路，本书的分析框架可整合如图 4-2、图 4-3 所示。

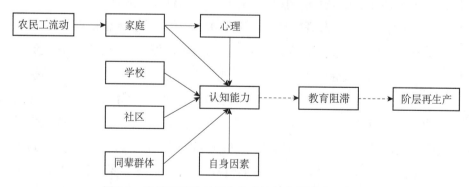

图 4-2　农民工流动对留守儿童认知发展影响示意图

图 4-2 可解读为：留守儿童的认知发展受到家庭、学校、社区、同辈群体、自身因素、心理状况、父母外出等多种因素的影响。本书主要关注的农民工乡城流动因素对留守儿童认知能力的影响主要通过家庭（家庭结构的变

化、家庭经济水平的提升）达成的。而认知能力是阶层再生产或社会流动的重要中介机制，其通过教育获得最终影响儿童将来的阶层地位。

进一步的解读是，在中国的社会分层结构中，农民从来处于底层，家庭的文化资本、经济资本、社会资本往往匮乏，再加上城乡二元分割下农村教育与城市教育差距巨大，使得农民阶层子女的认知发展天然地处于不利的处境。对留守儿童而言，更为严峻的挑战是：父母进城工作相伴随的经济收入提高、教育投资增加、劳动时间减少对认知发展的正向效应，可能要面临父母监督缺失、农村虚空化、消极心理状况造成的负向效应的对冲。综合效应的方向，可以判断父母外出是促进还是阻碍了子女的认知发展，并最终判断农民工流动与社会流动或阶层再生产的关系。

同样的方式解读图 4-3：跟随父母由农村到城市的流动，使流动儿童的认知环境（家庭、学校、社区、同辈群体等）发生整体性变动，这一变动可能产生环境适应的困难，也可能有就读学校质量提升等益处。我们通过综合分析这些因素作用于认知能力效应，可以判断跟随父母的乡城迁移对流动儿童认知发展的关系，进而预判乡城流动是促进了社会流动还是导致了阶层再生产。

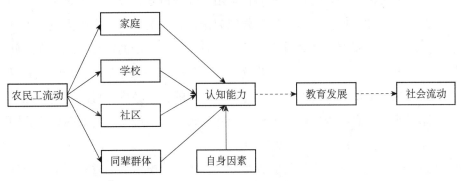

图 4-3　农民工流动对流动儿童认知发展影响的示意图

第四节　研究假设

在文献梳理与理论讨论的基础上，本书进一步提出了有关影响农民工子女认知发展的研究假设。这些假设可分为四部分：父母外出工作对留守子女认知发展影响的假设、随父母迁移对流动儿童认知发展影响的假设、环境因素对儿童认知发展影响的假设与阶层限制下的认知发展假设。

一、父母外出工作阻碍留守子女认知发展的假设

结合已有文献，可以大致得到父母外出对未成年子女认知发展影响两面性的结论：一方面，父母外出务工经商，家庭收入增加，有助于家庭教育投资的增多，儿童教育资源的改善；有助于减少儿童参与劳动的时间，增加学习的时间；有助于改善儿童的营养状况，增进身体健康，这些都是有益于留守儿童认知发展的方面。另一方面，父母外出工作意味着对未成年子女照顾与监督的缺失，也意味着劳动力的减少，而家庭劳动力减少可能会增加留守儿童的劳动时间；父母外出使亲子感情交流减少，可能对留守儿童的心理发展不利；父母的文化程度往往高于替代看护人，家庭中主要文化资本拥有者的不在场意味着留守儿童可得指导水平、互动质量的降低，这些都不利于留守儿童的认知发展。那么，这些现实中存在发生的正负效应之综合是正是负？显然，更为可能的是，综合效应的正负由具体的留守儿童个体来定，对一些留守儿童的认知发展，父母外出的效应为正，而对另一些则效应为负。本书着力判断的是，将留守儿童看作一个整体时，乡城流动的综合效应。在此问题上，本书倾向于认为：对留守儿童来说，父母进城工作带来的经济收入提高、教育投资增加、劳动时间减少对认知发展的正向效应，可能不足以抵消父母监督缺失、农村虚空化、消极心理状况对认知发展造成的负向效应。因此，提出以下假设：

假设 1：父母外出工作是造成留守儿童认知发展劣势的重要因素，特别是对于父母双方都外出的留守儿童来说，负面影响更大，即对于留守儿童的认知发展而言，父母外出的净效应为负。

假设 1 意味着，农民工流动阻滞了留守子女的认知发展，而认知能力的劣势，往往导致学业失败，不利于更高等、更优质教育资源的获得，使留守子女在劳动力市场竞争中处于不利地位，最终重蹈父辈命运，完成阶层再生产。

二、随父母的乡城迁移促进流动儿童认知发展的假设

同样从正负效应两个方面来考虑跟随父母的乡城迁移对流动儿童认知发展的影响。从农村到城市的流动，对儿童而言意味着生活学习环境的巨大变换：原有的社会关系断裂，传统支持资源减少，新社会关系的建立需要时间，新环境的适应困难等。这些不利因素会对流动儿童的认知发展、学业表现产生消极影响。然而，由于对儿童发展至关重要的家庭结构保持了基本的稳定，父母的陪伴有助于克服一些不利因素的影响。不仅如此，儿童由农村到城市的流动，意味着由贫乏到丰富环境的转换，由劣质到优质教育资源的过渡，这有助于促进儿童的认知发展。因此，一般而言，最终的结果可能是，相较生活于农村的儿童（留守儿童、农村本地儿童），乡城迁移促进了流动儿童的认知发展，为更高等、更优质的教育获得奠定了认知基础，使向上的社会流动成为可能。因此，提出假设：

假设 2：跟随父母从农村至城市的流动，促进了儿童的认知发展，即对于流动儿童的认知发展而言，流动的净效应为正。

这就意味着，相比生活在农村的儿童，流动儿童的认知能力因跟随父母进行乡城迁移而得到提高。认知水平的提高，将使其更易获得学业成功，从而有利于获得更高等、更优质的教育资源，从而有助于在劳动力市场竞争中占据有利位置，实现向上的流动。

三、环境因素对儿童认知发展影响的假设

社会文化情境理论将儿童生活其中的环境看作一个社会生态系统，根据距离儿童生活的远近，将此系统分为两个不同的水平，一个是由一般文化制度提供的远端情境，一个是家庭、学校、社区、同辈群体等直接影响了儿童成长发展的近端情境。远端情境对儿童发展的影响往往通过近端情境实现。因此，家庭、学校等近端情境提供资源的丰富与贫乏将很大程度上决定儿童认知水平的高低。据此，提出如下假设。

假设 3a：家庭背景是影响儿童认知发展最重要的因素之一，家庭资源（文化资本、经济资本、社会资本）越丰富，儿童的认知水平越高；家庭子女数量越多，对家庭资源的稀释越严重，越不利于儿童的认知发展。

假设 3b：家庭文化资本对儿童认知发展的影响持续而稳定；与学前相比，

学龄阶段的家庭经济资本、社会资本的作用更为重要，其通过获取优质学校教育资源等媒介影响儿童的认知发展。

假设 4：学校对儿童的认知发展具有重要作用，学前阶段是否接受学前教育影响着儿童的认知水平；学龄阶段就读学校的质量越高，越有利于儿童的认知发展。

上述假设暗示着，家庭与学校对儿童的认知发展至关重要，某种程度上正是两者的共同作用，形成了内化于个体的有差异的认知能力。按照生命历程理论的观点，学前阶段是个体成长过程中对家庭依赖程度最强的时期，也是智力发育的关键阶段。在此阶段，家庭主要通过文化资本直接促进子代能力的分化。随着年龄的增长，儿童进入学龄阶段，一方面，家庭文化资本的作用持续存在，家庭经济资本、社会资本通过中间媒介开始发挥间接的影响效应；另一方面，学校教育对认知发展的作用逐渐突显。

除家庭与学校外，同辈群体、社区状况、城乡与所在地区也与儿童的认知发展密切相关。基于此，提出如下假设。

假设 5：同辈群体状况影响儿童的认知发展，好朋友数量越多，儿童的认知水平越高。

假设 6：社区的资源状况影响儿童的认知发展，社区条件越好，越有利于促进儿童的认知发展。

随着市场化进程的深入，中国区域间不均衡发展进一步增强，城乡、地区差距扩大。城市与农村、东中西部地区间学校在教育经费投入、师资力量等方面都存在巨大差距，这使得儿童教育机会、认知能力的城乡、区域不平等性表现更为明显。

假设 7：受城乡、东中西部地区经济状况、学校教育差异的影响，认知能力表现出城乡与地区的差异；生活在城市的儿童的认知能力高于生活在农村的儿童；东中部地区儿童的认知水平高于西部地区儿童。

四、阶层限制下的认知发展假设

布劳与邓肯认为，随着工业化的进展与技术进步，社会分层结构日益开放，社会流动率不断增加，流动机会平等化将占据主导地位（Blau and Duncan，1967）。此观点显然过于乐观，Featherman 等（1975）基于美国与澳大利亚两国社会流动的调查数据，Erikson 与 Goldthorpe（1987a，1987b）利用更广范围的调查数据进行分析，得出了不同的结论：不同国家工业化路径、政治文化与制度背景的差异，导致"表型的"（phenotypical）流动模式因国家而不同；但"遗传型的"（genotypical）①流动模式却不因国家的不同而有异，这就是"FJH假设"的核心观点。也就是说，不同的国家，个体家庭出身与最终社会经济地位间的关联强度虽有差异，但关联模式具有相似性：呈现出代际继承性与短距离流动的主导特征（Hout and DiPrete，2006）。换言之，在一个以核心家庭为主体的工业化社会中，或者说在一个较为稳定的统治秩序中，社会阶层之再生产是代际流动中更为明显的色彩，即使面临重要的社会变迁冲击，对优势与劣势阶层相对位置的改变也是有限的。

对留守儿童而言，父母外出引发的家庭结构变化、监护人变换往往是一项重大的生活变迁；相比留守儿童，流动儿童则面对着截然不同的生活变迁冲击——制度、社区、学校环境的变化，同伴群体的变换及可能的入学、就医、社会保障歧视与困难等。这些因乡城流动而引发的生活变迁无疑会深刻地影响相关儿童的成长及认知发展，然而，这种影响对其阶层地位的改变是否有实质意义，或者说映射于不同阶层子女的认知水平差异，是否因农村人口迁移流动而发生大幅度的变动。参照 FJH 假设，本书提出认知发展的阶层限制假设。

假设 8：儿童的认知水平与所属阶层密切相关，阶层的优势或劣势将在子女的认知发展水平中表现出来；受社会变迁等因素的影响，儿童的认知水平会发生或升或降的变化，但无论升降，都将呈现出以短距离变动为主导的特征。

这是阶层限制下的认知发展的总体假设，这一假设除包括上述体现阶层性的有关家庭、学校、社区、同辈群体的分假设外，至少还应包含如下分假设：

假设 9：受到自身社会阶层条件的限制，儿童的乡城流动对其认知发展的促进作用有限，流动儿童的认知水平整体上仍低于城市儿童。

这意味着，虽然跟随父母的乡城流动有利于儿童的认知发展，但整体上看，"流动"所带来的各类"认知收益"可能是有限的。

---

① 也有学者将其翻译为"原生型的""基质型的"。但这里的"遗传"绝非基因意义上的遗传。

第五章　测量与分析方法

　　由于本书使用的儿童认知能力量表的设计与测量结果的标准化方法都参考借鉴了历史上较为成功的认知测量工具，所以本章将简要回顾认知测量的发展历史，在此基础上重点介绍本书使用的测评工具的内容及实施。另外，本章还将介绍控制混淆变量、处理内生性问题的倾向值匹配方法及分析模型。

第一节　调 查 介 绍

　　"中国城镇化与劳动移民研究"是一项全国、综合性的大型抽样调查，也是一个全国性的关于中国内部迁移对儿童成长发展影响的系统研究项目。该调查采取重复抽样、双样本（主样本和流动人口样本）设计，运用多阶段分层方案，以规模大小成比例的概率抽样方法（PPS 抽样方法），于 2012 年，在中国大陆除青海、西藏和海南外的 28 个省级行政单位 147 个区/县中抽取 500 个村/居，之后采用"实地绘图列举概率抽样法"从村/居内抽取家庭户，最后以 kish 表抽样法随机抽取一位 18～69 周岁的家庭成员作为调查对象。同时，该家庭户中所有的 0～15 岁儿童及其主要看护人也将作为调查对象。

　　调查问卷由村居社区问卷、城镇化与劳动移民问卷、儿童模块问卷构成。本书的数据主要来自儿童模块问卷，儿童模块问卷又包括主要看护人问卷、青少年问卷、儿童能力测验。

一、主要看护人问卷

本书通过与孩子的主要看护人面对面访谈的方式，收集看护人的邻里质量、社会支持网络、认知能力、养育子女的态度与行为、心理健康、对孩子受教育程度和性别角色期望等方面的信息；同时，也收集主要看护人对儿童的健康、社会情感、认知与非认知技能、孩子的家庭与学校环境、孩子与父母或主要看护人的关系评价的信息。

二、青少年问卷

此问卷由 10～15 岁的青少年自己填写，主要内容有：与父母的关系、学校环境、对教育和职业的期望、性别角色态度、自尊、自我效能、社交技巧、父母教养行为、时间利用、饮食结构、体育锻炼、抑郁、幸福感、歧视感等。

三、儿童能力测验

能力测验适用于 3～15 岁儿童，这些儿童又被分为 4 个年龄组：3～6 岁、7～8 岁、9～12 岁、13～15 岁，每个年龄组都有相对应的评估工具。年幼的两个年龄组评估语文能力与数学能力，年长的两个年龄组除评估语文、数学能力外，还评估了英语能力。每个评估都有严格的时间限制。评估难度随儿童的年龄而变化，年龄越大评估材料越难。

在实际分析中，本书利用了主要看护人问卷与儿童能力测验数据。只有既进行了能力测试并且对应看护人也回答了相应问卷的个案才是有效的。

第二节　认知测量的发展历史

本节对认知测量发展历史的回顾分为"从生理测量到心理测量"和"从

比率智商到离差智商"两个部分[1]。

一、从生理测量到心理测量

英国心理学家 Galton（1869）最先开始对认知能力（智力）进行测量，他深受达尔文进化论的影响，并用实证研究的方法证明了影响人类智力的决定性因素为遗传，而非后天的教育训练；同时他也深受 17 世纪英国哲学家洛克的经验主义影响，认为人类的所有知识都来自感官。鉴于这种认识，高尔顿开发出了一系列测量感觉运动的工具，测验内容主要包括躯体与行为两个方面，躯体特征有身高、体重、头的长度和宽度、臂展、中指长度、小臂长度等，行为的测量则包括握力、肺活量、视觉清晰度、音高、击打速度、视觉听觉反应时等。美国心理学创始人卡特尔最早使用了"心理测验"这个词语，但实际测量时，他仍继承了高尔顿的传统，借助仪器对反应时和感觉等生理指标进行测量。因此，卡特尔的测量仍为生理取向。

卡特尔的学生威斯勒（Wissler）试图以学生的智力测验分数预测学习的成绩，他收集了 300 个大学生的智力测验分数及学习成绩分数，但结果令人奇怪且失望，原本期望的两者的高度相关没有出现，却发现两者几乎没有关系。比奈（Binet）用类似方法发现他的两个女儿在一些方面的反应甚至好于成人。这使人们对生理取向的测量产生了疑问，它到底有没有测量出智力的实质呢？另一个对这种生理测量产生冲击的问题是，采用这种方式测得的各分量表分数之间的相关系数也很低，这显然也不合常理。随着威斯勒研究结果的发表，大多数心理学家接受了生理取向的简单测量无法测量、预测复杂高级心理过程的观点，他们纷纷转向了心理取向的测量。正是在此背景下，1905 年法国心理学家比奈和助手西蒙（Simon）发表了世界上第一个心理取向的智力量表——比奈-西蒙量表（Binet-Simon Scale）。

与大多智力测验源自智力理论不同，比奈-西蒙量表（Binet-Simon Scale）的设计是为了实际需要：1904 年法国教育部想采用医学与教育测验的方法甄别出那些无法适应普通学校教育的孩子，以便对其实施特殊教育。为完成这一任务，比奈和西蒙以心理为取向编制了一个量表，并专门发文介绍了此量

---

① 对认知能力测量发展历史的回顾，主要参考了格雷戈里的著作《心理测量：历史、原理及应用》及黄文三等编著的《心理学》一书的相关部分。

表。该量表由 30 个题目组成，分别测量了从最基本的感觉到较复杂的语言概括能力，其中对语言的测验题目占据很大比例，这充分反映了比奈-西蒙量表对生理取向测量的背弃。与以后的大多数量表相比，比奈-西蒙量表有两个特别之处：一是没有标准化的记分方法，这是因为量表的主要目的在于对学生进行分类，以区分筛选出智力障碍儿童；二是测量仅适用于 3～14 岁的智力障碍儿童，因此量表组成的题目较为简单，无法大范围应用于正常人群。为弥补这一缺陷，比奈于 1908 年、1911 年进行了两次修订，使量表适用于正常儿童甚至延伸到了成人范围，更重要的是改进之后的量表引入了智力水平的概念。比奈认为，对于每个测试者来说，确定智力水平就要比较其心理年龄与实际年龄的差异，而心理年龄是智力测验所测量得到的年龄，是相对于实际年龄而言的。智力水平概念的引入具有里程碑式的意义，影响了以后所有的智力测验研究。

二、从比率智商到离差智商

1912 年，德国心理学家斯登（Stern）提出用心理年龄与实际年龄差距来反映智力水平存在问题，如一个 5 岁的孩子，心理年龄为 2 岁，与一个 13 岁的孩子，心理年龄为 10 岁，虽然差距都为 3 岁，但显然两者意义不同，前者智力受损的程度更大，因此，他建议用测得的心理年龄除以实际年龄得到的商数表示不同年龄儿童相对的智力发展程度。反映智力水平的商数由比率得到，所以叫比率智商，简称智商。

1916 年，美国心理学家推孟（Terman）及同事在比奈-西蒙量表的基础上进行了大幅度修改扩充，发布了斯坦福-比奈量表（Standford-Binet Scale），与比奈-西蒙量表相比，该量表不但有清楚的使用说明、记分方法，也追求测验对象的代表性，更重要的是，量表接受了斯登的比率智商概念，并通过乘 100 的方式使其更直观明了。

$$智商（IQ）= \frac{心理年龄}{实际年龄} \times 100 \tag{5-1}$$

推孟的努力使智力测验有了坚实的基础，在以后的很长一段时间里，斯坦福-比奈量表一直作为智力测验的标准，新编制的智力量表总是依据此量表检验自身的效度。而且该量表一直在完善过程之中，并分别于 1937 年、1960 年、1972 年、1986 年、2003 年进行了修订，这保证了相关测量总能涵盖最新的理论发展。

但是，斯坦福-比奈量表的早期版本仅能得到一个综合的 IQ 分数，无法进行细化的能力测验；另外，比率智商也存在问题，从其计算公式可以看出，它方便比较实际年龄相同的测验对象的智商水平，但是，对于不同年龄段被测对象智商水平的比较力有不及，而且，其假定智力发展与年龄增长间的线性关系在现实中并不存在，人的智力在 20 岁以后往往发展缓慢，所以不适用于年龄较大的对象。

美国心理学家韦克斯勒（Wechsler）以离差智商表示测量结果，弥补了比率智商的不足。1939 年，他将智力定义为个体有目的的行动、理性思考和有效处理环境中事件的综合或整体能力。这种将智力看作由一系列不同能力组成的整体能力观点，反映在韦克斯勒量表上就是不仅提供了一个总的测验分数，还提供了若干个分量表的测验分数——一个语言测验分数，一个操作测验分数等。这种总测验与分测验的结合，使韦克斯勒量表能够对认知能力提供更为广泛的评估，这一优势为韦克斯勒量表带来了巨大的市场，使其成为当今世界应用最为广泛的智力测验之一。其竞争对手斯坦福-比奈量表也很快发现了此特点具有的优势，于 1986 年在修订版本中重新调整了测验结构，将测验划分为 15 个分测验以获得更广泛的认知评估。

韦克斯勒量表的另一个优点是以离差智商对测量结果进行表示。离差智商的基本原理是，把每个年龄组的智力分布看作正态分布，被测验者的智商高低由其与同龄人的智力均值的离差大小决定，很明显这是一种标准差的观念，计算公式为：

$$离差智商=100+15Z \qquad (5\text{-}2)$$

离差智商的均值为 100，标准差为 15。Z 为将某测试对象所得的原始分数转化后的标准分数，计算方法为：

$$Z = \frac{x-M}{S} \qquad (5\text{-}3)$$

其中，x 为被测者的原始分数，M 为被测者所在年龄组的平均分数，S 为该年龄组分数的标准差。

显然，以离差的标准对智商高低的衡量优于比率智商，也很快得到普遍认可，就连修订后的斯坦福-比奈量表也采用了这一方式。

目前国际上关于智商或认知能力的测量，除斯坦福-比奈量表、韦克斯勒量表外，还有许多形形色色的认知能力量表，虽然这些量表的测试题目、内容各异，适用对象也各有不同，但在一些方面存有共识，这些方面至少有：认为心理指标而非生理指标更能反映认知能力的实质；认知能力并非单一的，而是多种能力的综合。因此，在此观点的指导下，几乎所有的认知能力测验总是能够得到一个总分数与若干个特殊能力分数。例如，影响广泛的国际学生评估项目（Programme for International Student Assessment，PISA）[1]，这个2000年由经济发展与合作组织（OECD）发起，目前已有65国参与，以评估15岁学生掌握参与社会所需的终身学习能力为目的的测验，就是从阅读素养、数学素养、科学素养三方面评估学生应用知识与技能的能力。此外，"国际数学与科学评测趋势"（Trends in International Mathematics and Science Study，TIMSS）和"促进国际阅读素养研究"（Progress in International Reading Literacy Study，PIRLS）等也广受关注[2]。

第三节　测量的主要内容

一、认知能力观

弗拉维尔等（2002：2）曾讨论总结了心理学家的认知观：传统上，心理学家倾向于将认知看作人类心智的比较特别、比较明确的"智力"过程，即认知指心理实体中比较高级的心理过程，有知识、意识、智力、思维、想象、创造、计划和策略的形成、推理、推测、问题解决、概念化、分类与关联、符号化、幻想和梦等过程，尽管这些过程活动中的一些其他动物也具有，但他们无一不打上了人类心理的印记；当代的心理学家则使认知超越了传统的高级心理过程，增加了知觉、注意等较少需要纯粹的皮层智力活动参与的相对低级的成分。但无论如何，认知的各个过程相互影响，任何一过程都在其他过程的运作发展中发挥重要作用。显然，超越传统高级心理过程的认知领域更为宽泛。然而，"最后可能导致的问题之一是，在某个重要的意义上，什

---

① 参见国际学生评估项目网站：http://www.oecd.org/pisa/。

② 参见 TIMSS & PIRLS 网站：http://www.timss.com。

么心理过程不能以'认知'加以描述，或什么心理过程不具有'认知'的含义？"（弗拉维尔等，2002：2）虽然研究者并不否认人类心理活动过程与认知的密切关系，但具体操作时，往往只关注这个宽泛领域中的一部分内容。

根据弗拉维尔的总结，并结合前文对认知发展理论的梳理评述，本书对认知能力有以下观点：

认知是心理活动的过程，是多种能力的综合，这些能力、过程并非孤立存在的，而是一个有机的系统，它们往往相互影响，协同运作，共同发挥作用。虽然人类几乎所有心理活动都与认知有关，但笔者不赞同把一切心理活动都归为认知的"泛认知论"观点，而是主张应该在林林总总的心理过程能力中，撇开无关紧要的细枝末节，把握核心的过程能力。常识、词汇、分类、计算、理解、逻辑推理、问题解决等是能够反映认知的核心能力。

认知的发展既受生物基础的影响，也取决于后天的环境。遗传因素局限了认知发展的范围大小，后天环境则影响了认知开发程度的多寡。"唯上智与下愚不移"，不受环境影响者总是极少数，绝大多数人的性情在出生时是相近的，但由于受到环境、教化的影响，发生了变化，有了差距，才有了"性相近也，习相远也"的分化结果。

认知能力发展是儿童发展中一个极为重要的方面，它关系着儿童成年后的社会地位，甚至可以说认知能力是儿童向上流动的基础。

认知能力是智力的核心要素，但并非智力的全部。因此，本书认同"认知能力测量并不等同于智力测验"的观念。

二、测量的内容

清华大学中国经济社会数据中心"中国城镇化与劳动移民研究"项目中采用的"儿童学习能力测验"就是基于以上理念并参考了中小学教科书内容设计的儿童认知评估工具[①]。该认知评估工具的3～12岁部分由北京师范大学张厚粲教授主持设计，13～15岁部分由新加坡国立大学杨李唯君教授参照PISA测验、美国收入追踪调查中儿童模块的认知量表等编制。全部测量工具适用于3～15岁中国儿童，包括语文能力、数学能力和英语能力三个分测验，

① 认知测量为清华大学《中国城镇化与劳动移民研究·第三部分——儿童学习能力测验》（张厚粲、杨李唯君）。本书关于该认知测量工具的说明，主要来自《中国城镇化与劳动移民研究·调查手册》以及相关课题资料，部分来自笔者对该测量工具的理解。

测验对象被分为 3～6 岁、7～8 岁、9～12 岁及 13～15 岁 4 个年龄组，每个年龄组都有对应的评估内容，其中英语能力测试仅适用于 9～12 岁、13～15 岁两个较大的年龄组。评估的难度随儿童的年龄而变化，年龄越大评估材料难度越高。对于年幼者，评估时间约需 20 分钟，而年龄最大的 9～12 岁、13～15 岁组则需要 35 分钟。不同年龄组儿童分测验及限定完成时间见表 5-1。

表 5-1　不同年龄组儿童分测验及限时　　　　　　　（单位：分钟）

年龄组	语文	数学	英语
3～6 岁	10	10	
7～8 岁	12	13	
9～12 岁	12	18	5
13～15 岁	15	15	5

语文测验与英语测验都注重对词汇量及词汇掌握运用状况的测量。这是因为词汇量状况反映了个人的学习能力、记忆力，也反映了个体的推理判断能力、理解能力及分类能力。这是因为，掌握新词汇除死记硬背外，有时还需要根据前后文本关系推测、判断其含义，在理解的基础上进行记忆。实证研究发现，韦克斯勒智力测验（包括儿童与成人）词汇量表分测验是和 IQ 总分的相关程度最高的分测验（格雷戈里，2012：174），这表明对个体词汇量的测量其实也是对个体整体能力的测量。

语文、英语测验也重视对分类能力的测量。例如，根据提供物体的图片，判断哪个物体和其他物体是或不是同一类，要做到这种区分既要从具体观察到抽象概括，又要具有分析、推理、综合的概念性思考能力，而且这种判断本身往往需要具备一定的常识性信息。因此，分类测验也反映了个体整体的能力。

常识是大部人应该具备的一般性信息知识，如颜色的辨别、太阳的形状等。日常生活的常识信息往往是分类、推理、判断、理解、解决问题等能力的基础。这些信息往往由国家的文化机构、教育系统提供，并且反映了个体的学习与记忆技能，这是因为，要回答这些基础信息性问题，受测者需要回忆起那些从正式或非正式的教育经历中获得的知识；常识测验通常被看作韦克斯勒分测验中测量一般能力最好的方法之一，容易反映出正式教育水平及学业成就动机，因此那些坚持勤勉的学生及热爱读书的人更可能获得高分

（格雷戈里，2012：173）。

加减乘除运算，除需要具备一定的数概念和数操作能力外，还需要注意力的集中、短时记忆能力的发挥，它还反映了个体逻辑思维、抽象思维及推理判断的能力。

表 5-2 为"儿童学习能力测验"对不同年龄组儿童施测项目及测量的能力[①]。

表 5-2　不同年龄组儿童施测项目及测量的能力

测验名称	年龄组	施测项目名称	测量的能力
语文测验	3～6 岁	说出图中物体名称，根据词语选图，区分大小、高低、左右、颜色、位置次序，符号识别，图片概念	常识、词汇、分类、理解
	7～8 岁	图片名称选择，汉字拼音，根据拼音写汉字、选字词	常识、词汇、分类
	9～12 岁	汉字拼音，根据拼音写汉字、选字词，成语填写，阅读理解	词汇、理解、推理
	13～15 岁	根据拼音写汉字，找错别字并改正，成语使用判断，语病判断，选择词语，短句排列，看图回答问题，阅读理解	词汇、理解、推理
数学测验	3～6 岁	依据物体图片计算，加减乘运算，找规律填空，应用题	计算
	7～8 岁	依据物体图片计算，加减乘除运算，找规律填空，计算并比较大小，积木图案，应用题	计算、问题解决、推理
	9～12 岁	加减乘除运算，找规律填空，计算并比较大小，解方程，应用题	计算、问题解决、推理
	13～15 岁	解方程，求绝对值，求坐标，求概率，写解析式，应用题	计算、问题解决、推理
英语测验	9～12 岁	英译汉，根据意义选单词，补充句子	词汇、分类
	13～15 岁	根据意义选单词，补充句子	词汇、分类

PISA 的阅读素养测评理念为：测评的重点在于应用阅读能力解决实际问题或学习新知识的能力，而不是阅读技能本身，并认为认知的三个方面——访问与检索、整合与解释、反思与评价——最能反映个体学习新知识或解决实际问题的能力。其中，访问与检索指在文章中查找一条或多条信息，查找信息的数量、满足条件的数量、提取信息的排列方式、信息的明显程度、文本的复杂程度、对背景的熟悉程度及干扰信息的多少及强弱会影响到这一任

---

① 来自笔者对该测量工具的理解。文责自负。

务的执行。整合与解释指解释意义，以及从文章的一个或多个部分中做出推论，影响此任务难度的因素有要求解释的类型、信息的明确程度、竞争性信息的多少、文本的复杂度及对背景的熟悉程度。反思与评价指把文本和个人的经验、知识和观点结合起来，要求反思的类型、对需要利用外部知识的熟悉程度、文本的复杂度等会影响此任务执行的难度（国际学生评估项目中国上海项目组，2013：26-31）。由此可以看出，较强的整合与解释、反思与评价能力不仅需要个体对文本中事实性知识的掌握，也需要超越文本，对社会传统、价值观念、文化习俗、规则制度的深刻理解，而这些在某种程度上反映了个体的社会认知能力。

"儿童学习能力测验"对阅读理解的设计，遵从了 PISA 阅读素养测评理念及方法，以连续文本、非连续文本、多重文本的形式并采用描写、叙述、说明、议论的文体，对较大年龄组儿童进行了阅读能力测试[①]。具体测试内容与特点见表 5-3。

表 5-3　不同年龄组儿童阅读能力测试内容与特点

篇名	适用年龄组	文本形式	文体特征	认知方面
《蒙古族·马》	9～12 岁	连续文本	描写	访问与检索 整合与解释
《秋天的怀念》	9～12 岁	连续文本	叙述	整合与解释 反思与评价
《劳动人口结构》	13～15 岁	非连续文本	说明	访问与检索 整合与解释 反思与评价
《两封信》	13～15 岁	多重文本	议论	整合与解释 反思与评价

需要说明的是，本书认为，虽然评估工具中的一个题目可能主要用于测量某一方面的能力，但并不等于仅仅测量了这一方面的能力，事实上，根据认知理论及实证研究，许多能力常常相互依存，高层次能力往往以低层次能力为基础，正是这些能力的协同作用，决定了个体的认知水平。

另外，认知能力与学习成绩之间存在一定程度的相关，但两者并不等同。学习成绩反映了学生在一定时间内对若干学科学习内容的掌握程度；认知能力是影响学习成绩的因素之一，但并非所有的认知测验结果都能准确预测测

---

① 这一判断仍然来自笔者对该测量工具的理解。文责自负。

试者的学业成绩。相比学业成绩，认知能力反映了个体更综合稳定的能力。

还有，认知是一个复杂、综合的系统，这个系统是如此复杂，以至于人类对其的了解还仅处于初始的阶段，虽然已取得些不俗的成就，但就目前结果而言，距离完全把握认知内容及发展规律还十分遥远，因此，本书并不认为研究中使用的认知评估工具测量了个体认知能力的全部方面，也不认为分测验的测量结果完全反映了个人语文、数学与英语学习能力的全部，甚至对于测量结果表达了个人核心认知能力的看法始终抱持一种谨慎的态度，因为很显然，为了收集资料、处理资料的方便，作为语文、英语学习中很重要的写作能力就没有设计，英语听说能力也是如此。但本书坚持认为，综合已有认知理论、借鉴公认成功的认知测量工具而设计的中国儿童认知评估工具的测量结果定能反映中国儿童认知能力的某些重要特征；而关于乡城流动与儿童认知能力关系的分析定会为认知发展规律的探索做出贡献。

第四节　测量实施

为收集到被测试者真实有效的认知水平信息资料，调查进行了周密的设计及安排部署。

对施测者进行培训。培训的目的在于使施测者在测试前非常熟悉各分测验的适用对象、材料内容、不同年龄组测试说明。测试对象为抽中家庭中所有 3～15 岁儿童，这些儿童又分为 4 个年龄组，不同年龄组有不同的评估工具、答题材料，较小的两个年龄组只进行语文、数学测试，较大两个年龄组还要进行英语测试，每个分测试都有严格的时间限定。

打消被测试者及看护人的顾虑。告诉被测试者及其看护人测试题并不是智商测验，而是由心理学家设计的评估儿童学习情况的工具；测量行为与学校没有任何关系，评估表现不会影响儿童的学校成绩，也不会影响今后的择校或择班；评估并非关注儿童个体的表现，而是聚焦于全国整体的教育系统，因此，儿童个体的得分本身并没有意义，只有把评估成绩与其他同龄儿童的成绩做比较时才有意义，而这种比较只有在完成全国样本数据收集由专家进行数据分析才能得出结果。如果看护人仍然想要反馈，可以记录其联系方式并告知看护人会在数据分析完成后给他们寄送一份研究报告，但是处理数据和撰写报告将要花费较长的时间。此外，也要向看护人与儿童解释，问题设计针对儿童群体的年龄跨度较大，包括一些专门为年龄较大儿童设计的难度较高的问题，年龄较小的孩子只需要将自己会做的问题回答完毕即可，没有必要为不会回答部分问题而感到失落。

测验时要尽量减少对被测对象的干扰，要求看护人尽可能提供一个独立的不会被打扰的房间或空间，并向看护人说明儿童需要独立完成评估问题，看护人不能提供帮助，也不要营造使儿童感到紧张的气氛。

测试开始前，施测者要依据不同年龄组儿童"学习能力测试说明"，清晰告知儿童应注意的事项。

测试开始后，对3～6岁儿童，施测者需要一对一地口头指导儿童完成评估，并记录答案；对年龄较大的儿童，施测者仅需要监督以确保其在正确的地方填写答案并使其明白需要做的事情，这样的方式对于7～8岁的儿童尤其重要。如果儿童看不明白题目，施测者可以代为朗读问题要求，但要避免向儿童解释问题或帮助儿童解答问题。当测试快要到规定时间时提醒儿童，当一个部分的答题时间已到，要求儿童停止答题并开始进行下一部分的评估。

测试结束后，施测者应仔细核查有无漏测内容，收齐测试材料后为避免对受测者产生不良影响，不要在施测现场打出分数。

第五节　分析方法、模型

一、内生性问题与参照群体的选择处理问题

已有关于农民工流动对留守子女学业成绩影响研究的结论无论是正向效应还是负向效应，多建立在留守儿童与农村非留守儿童的简单比较基础之上，但这种群体比较研究往往对内生性问题重视不够。

内生性问题产生的原因之一为解释变量与被解释变量相互影响，就农民工流动与留守子女学业成绩的关系看，并非总是父母流动影响子女学习成绩，也存在着子女学习成绩影响父母迁移决策的情况。吕开宇等（2008）的研究

发现,农村家庭父母外出务工的决策受子女教育状况的影响明显;东梅(2010)的研究表明,留守子女学业成绩的持续下降会显著影响父亲的回流,这些研究说明了内生性问题的存在。这一点从理论上也容易理解:农民工的流动并非是随机进行的,而是存在着流动的选择效应,流动与否受到身体状况、受教育程度、家庭经济水平,甚至子女的数量、子女的学习生活行为状况多种因素的影响,这些决定了外出务工者与非外出务工者之间可能存在系统性差异;系统性差异的存在,决定了外出务工者与非外出务工者应对不利事件的能力不同,甚至子女应对不利事件的能力也存在差异,这些重要混淆变量的影响必然体现在观察到的结果上,无视其存在进行比较分析的可信度必然不高。进一步讲,留守儿童与农村非留守儿童可能是两个存在根本性差异的群体,若不处理内生性问题,消除混淆性变量,比较结果的差异可能来自家庭背景等其他因素,而无法证明是流动的效应。因此,进行有效比较的前提在于引入处理内生性问题,消除混淆变量选择性误差的方法。工具变量法与倾向值匹配法能够很好地解决多混淆变量的控制问题,但由于寻找恰当的工具变量往往较为困难,所以在具体研究中倾向值匹配法优势更为明显。但应用此方法进行的农民工子女问题研究并不多见。

李云森(2013)应用倾向值匹配方法,利用2000年甘肃省调查数据分析了父母外出务工对留守子女学业成绩的影响,发现父母之一或者双方离家半年以上对子女的语文成绩是否可以进入年级前20%、数学与认知测试成绩能否进入年级前10%都有显著的负向影响[①]。

陶然和周敏慧(2012)利用2010年安徽、江西两省四县的调研数据,使用倾向值匹配方法,分析了父母双方外出务工对农村留守子女学业成绩的影响。研究发现:首先,由于父母角色的缺失,父母双方外出时间较长,会对孩子的学业成绩产生显著的负面影响;其次,父母外出对留守男孩学业成绩的影响更为显著,而留守与非留守女孩间的学业成绩差异并不显著;最后,由于负的父母照顾效应远远大于正向的收入效应,父母外出务工对子女学业成绩的负面影响不大可能以提高家庭经济收入的方式抵消。

这些研究使用倾向值匹配法控制住了尽可能多的混淆变量,所得结论较为可信。但这些研究的样本选择的区域范围相对狭小,所得结论无法在全国

---

① 该文的最初版本见于2011年中国制度经济学年会。

范围内推广；调查对象集中于义务教育阶段若干个年级，覆盖面不广，特别是缺乏对学前留守儿童的关注。还有，同一个调查对学业表现的测量工具也不统一，由于不同年龄、年级、学校、地区之间考试题目不同且难度存在差异，以某次考试成绩为测量的结果往往不具可比性，对测量结果进行标准化处理是纠偏的常用手段（Kandel and Kao，2001），但仍无法有效克服由于测量不统一产生的偏误。更为重要的是，上述研究仅仅回答了流动后果的一个方面——"亲子分离"对留守儿童认知、学业的影响，而另一个方面"随迁"又是如何影响儿童的呢？深入一步的问题是，如果这些留守儿童跟随父母流动的话，其成长发展又会怎样？只有回答这些问题，才能完整地把握农民工流动对子女成长发展的影响。

那么，已有流动儿童问题研究中，习惯性地以城市本地儿童作为参照群体，比较两群体状况的策略能否回答"随迁"或乡城流动对儿童成长发展的影响？很显然不能，流动儿童与城市本地儿童的比较（简单比较或倾向值匹配后比较）仅仅适宜于描述流动儿童在城市生活的状况，有助于发现制度性障碍对这一群体的成长发展带来的困难，但无法证明流动之于他们的效应。这可能是因为由于城市与农村在文化、教育等方面的巨大不同，在流动发生之前两群体已经存在系统性差异，因此，看到的差距很可能是已经存在的，而非受流动影响而产生的。这样看来，要厘清流动对流动儿童的影响效应，仅与城市儿童进行比较是不够的，还要以流出地儿童作为参照群体。

综合上述分析，要完整地把握农民工流动对子女成长发展的影响效应，不但要控制住重要的混淆变量，也要进行不同类型儿童群体间系统的组合比较。在图 5-1 中，步骤 1（留守儿童与农村非留守儿童的比较）是留守儿童问题研究的惯常做法，其仅说明了农民工流动对留守子女的影响效应（即使进行了倾向值匹配）。步骤 2（流动儿童与城市本地儿童的比较）是流动儿童问题研究的常见策略，其往往仅能说明流动儿童的弱势。只有控制住重要混淆变量后进行流动儿童与农村非留守儿童（步骤 5）、流动儿童与留守儿童的比较（步骤 3）才能得到乡城流动对儿童的影响效应。城市本地儿童与农村非留守儿童的比较则可以说明城乡差异效应（步骤 4）。这种囊括了流出地与流入地（农村与城市）的分析视角，相比仅聚焦其一的策略，无疑更有助于系统地理解农民工流动对子代成长发展的影响效应。

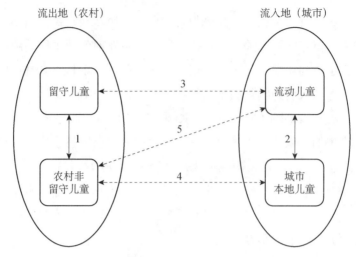

图 5-1 不同类型儿童的系统组合比较

　　Xu 和 Xie（2015）的研究最接近这种思路，他们利用 2010 年 "中国家庭动态跟踪调查"（Chinese Family Panel Studies，CFPS）数据，以倾向值匹配方法，系统比较了 "留守—非留守" "流动—农村" "流动—城市" 儿童群体在学业表现、政治常识、心理状况、人际关系、时间利用与营养健康等方面的差异性。结果发现，留守儿童除学习时间显著多于非留守儿童外，在其余的发展指标上，两群体均不存在显著性差异，即从整体上看，"父母流动" 并没有对儿童的成长发展产生显著影响；流动儿童与农村儿童在数学测试、营养健康、时间利用方面差异显著，流动儿童的数学测试表现更好，有着更好的营养保证，从而身高更高、体重更重，他们从事家务劳动的时间更长，同时用在学习上的时间也更长。访问员的观察也验证了 "儿童流动" 对其成长发展的促进作用；流动儿童与城市儿童在包括学业表现在内的大部分指标上并无显著差异，甚至在一些方面还优于城市儿童。

　　这一研究利用全国性数据较为系统且令人信服地回答了乡城流动对儿童成长发展的意义，为今后的相关研究提供了翔实的参考。但该研究仍有需要充实之处：

　　1）调查对象仅为 10～15 岁儿童，覆盖面不广，没有关注低年龄段特别是规模庞大的学前儿童群体。

　　2）研究在倾向值匹配之前没有比较检验或没有呈现不同类型儿童群体的成长发展状况，无法清楚这些群体是否存在差异及差异的系统性。

3）在利用匹配后样本得到流动的"净效应"后，也没有进一步回答流动对儿童成长发展的影响机制问题，即具体到该项研究，如果留守儿童与非留守儿童的学业成绩存在显著差异，留守儿童的成绩显著低于非留守儿童，匹配样本后发现这种差异消失，说明"父母流动"对留守子女的学业成绩并没有产生显著的负向效应，那么，进一步的问题——"留守儿童的学业成绩劣势到底是由什么造成的呢？"，该项研究并没有回答；同样，该研究也没有回答"儿童的乡城流动促进其成长发展的机制"问题。

4）除分析结论仅局限于流动效应之正负，缺乏对影响机制的探究外，也缺乏将流动效应分析纳入阶层再生产或社会流动视角进一步研究乡城流动可能对农民工阶层子女社会地位改变或社会流动基础建立的影响，导致对乡城流动影响儿童发展问题的把握一直停留在流动效应正负的争论上，而对更为深入重要的问题——"乡城流动—儿童成长发展—阶层限制"关系的探讨则付之阙如。而本书将利用一项关于中国内部迁移对儿童成长发展影响的全国、专题性调查数据，试图对这些问题进行探索性解答。

二、倾向值匹配方法

社会科学历来重视因果关系推论。Lazarsfeld（1959）提出的判断因果关系的三个标准被广为接受：①原因在时间上先于结果，即若 A 是原因，B 是结果，则 A 应在 B 之前存在；②A 和 B 两变量在经验上相关；③A 和 B 之间的相关不是虚假的，即两变量之间的相关不能被同时引起这两个变量变化的第三变量所解释。

在实验研究中，随机化使因果关系的判断简单易行。而社会学研究大多为基于调查资料的观察研究，在观察研究中，类似实验研究的随机化往往不可行，这就导致进行第三个标准的判断尤其困难。传统研究通常采用普通最小二乘法（Ordinary Least Squares，OLS）估计法，将混淆变量纳入回归模型中来克服这一问题，但这样做可能存在潜在风险或不足：首先，OLS 估计法所依赖的线性假定在现实研究中往往得不到满足，在这种情况下使用 OLS 估计法必然会产生偏误；其次，回归系数仅能代表"平均"效应，无法反映更细致的"反事实"状态；最后，由于混淆变量与我们关心的自变量之间存在相关性，简单地将混淆变量纳入多元回归模型有可能产生多重共线性问题（胡安宁，2012）。

而作为一种新兴统计技术的倾向值匹配法能够克服传统研究的不足，有效排除第三变量干扰，从而消除选择性误差，确证因果性结论。Rosenbaum和Rubin于1983年发表的论文《倾向值对于观察研究中因果效应的中心作用》开创了倾向值匹配方法的先河。

倾向值（propensity score）指被研究的个体在控制可观测到的混淆变量的情况下受到某种自变量影响的条件概率。研究者可以通过控制倾向值来遏制选择性误差对研究结论的影响从而保证因果结论的可靠性。在各种控制倾向值的方法中，匹配比较简便易行，基本逻辑是将受到自变量影响的个体与没有受到影响的个体进行配对，而倾向值匹配就是保证匹配起来的个体的倾向值相等或者近似（胡安宁，2012）。

倾向值匹配法将因果关系建立在反事实的基础之上。反事实（counter facts）是在原因不存在的情况下会发生的潜在结果或事件状态。对于处在干预状态的成员而言，反事实就是处在控制状态下的潜在结果；对于处在控制状态的成员而言，反事实就是处在干预状态下的潜在结果。反事实在真实数据中并不能被观测到，它是一个缺失值，寻找反事实就是用已知信息对一个假定的、未被观测到结果的缺失值进行填补（郭申阳和弗雷泽，2012：17）。以大学教育对收入的影响为例，对一个上过大学的个体而言，大学教育对其收入的影响就是现在的收入与他没有上过大学的收入的差异；对一个没有上过大学的个体而言，大学教育对其收入的影响则是他上过大学后的收入与现在收入的差异。显然，任何个体都不可能同时处于既上过大学又没有上过大学两种状态，而倾向值匹配的方法则可以根据已有的信息寻找到一个"理想的"反事实，即对于上过大学的个体，找到一个其他重要混淆变量都相同或相似的没有上过大学的个体作为其"理想的"反事实；对于没有上过大学的个体，则找到一个其他重要混淆变量都相同或相似的上过大学的个体作为其"理想的"反事实，从而得到大学教育对收入影响的"净效应"（net effect）。

倾向值匹配法的步骤如下（郭申阳和弗雷泽，2012：85-97）：

步骤1：寻找可能的混淆变量，这些变量被怀疑导致了干预组与控制组之间的不平衡，通过logistic回归、probit模型或判别分析计算倾向值。这一步骤主要考察个体在给定观测变量下接受干预的概率，而一对具有相似倾向值的干预组成员和控制组成员基本上被视为是可比的，即使他们也许在具体混淆变量的取值上会有不同。

步骤2：依据倾向值的共同支持域（common support region）匹配干预组与控制组。匹配的核心思想在于依据获取的倾向值创建一个新的样本，新样本中的个案具有大致相同的可能性被分配至干预情形。贪婪匹配是最常见的匹配方法，它包括马氏距离匹配、使用倾向值的马氏距离匹配、最近邻匹配、卡尺匹配、卡尺范围内的最近邻匹配，以及倾向值所界定的卡尺内最临近的可得马氏距离匹配。贪婪匹配的一个巨大优势在于允许研究者依据匹配后的样本进行几乎所有类型的多元分析评估因果效应。

但使用贪婪匹配时经常遇到的难题是：由于估计的倾向值所形成的共同支持域并不总能覆盖研究的全部成员，因此一些干预组成员，可能找不到相匹配的控制组成员，并且一些控制组成员可能并不被使用，所以匹配通常会导致研究成员的损失；而最大化成员使用通常会导致不精确的匹配。

步骤3：匹配后分析。在对干预组与控制组进行匹配之后，对基于观测变量的选择误差，以及内在于多元分析模型中的统计假定遭到违背进行了修正，研究者就可以像通常使用随机化实验得到的样本那样进行多元分析或其他分析，但是，大部分多元分析仅适用于由贪婪匹配所形成的匹配样本，对于通过最佳匹配得到的样本则需要特定类型的分析。

研究者也可以不进行多元建模，而是采用倾向值进行分层。分层可以采用类似于随机化实验样本分析干预的方式进行，即比较同一层内干预组和控制组之间某一结果的平均差异，然后产生整个样本的均值和方差来测量样本的平均处理效应（average treatment effect，ATE）及其统计显著性。ATE的计算公式如下：

$$\text{ATE}=E[(Y_1|W=1)-(Y_0|W=0)] \tag{5-4}$$

其中，$E(Y_0|W=0)$为构成未被干预组的个体的平均结果；$E(Y_1|W=1)$为构成干预组的个体的平均结果，这样看，ATE就是干预组与控制组在结果上的平均差异。

研究者还可以跳过步骤2，直接使用倾向值作为权重进行多元分析。这一方法并不对数据进行再抽样，因此克服了样本成员的丢失问题，另外，该方法还提供平均处理效应（ATE）与干预组的平均处理效应（average treatment effect for the treated，ATT）的估计值。ATT的计算公式如下：

$$\text{ATT}=E[(Y_1-Y_0)|X,W=1] \tag{5-5}$$

该公式表明，ATT 是干预组接受干预时和假定没接受干预时在结果上的平均差异。

倾向值匹配的突出优点在于对维度的简化，多个混淆变量代表着多个维度，而倾向值方法将这些维度简化为一个单维的值（郭申阳和弗雷泽，2012：87）。这样，倾向值匹配法巧妙地解决了多混淆变量下的多维问题：它不再关注每个需要控制的混淆变量的具体取值，而是转而关注将这些变量纳入 logistic 回归方程后预测出来的倾向值取值，只要保证倾向值匹配，那么所有需要控制的混淆变量就都考虑到了，这样做实际上是将对多个混淆变量的控制转为对倾向值的控制，从而达到降维的目的，换句话说，无论有多少需要控制的混淆变量，我们都能够通过倾向值匹配的方法将它们控制，从而得出因果性结论，因此，从"控制"的角度出发，倾向值匹配法很好地解决了多混淆变量的控制问题，从而支持了因果推论（胡安宁，2012）。

三、分析模型

为建立留守选择性与流动选择性模型，本书使用了二项 logit 模型，公式如下：

$$\text{Logit}\left(\frac{P}{1-P}\right) = \alpha + \beta_1 x_1 + \beta_2 x_2 + \cdots + \beta_n x_n + \mu \tag{5-6}$$

其中，P 为留守或流动发生的概率；x_n 为个人、家庭与地区三个层次的变量；α 为常数项；μ 为误差项；β_n 为偏系数。为方便对 P 的理解，可以转化为如下公式：

$$P(Y=1) = \frac{e^{\alpha + \beta_1 x_1 + \beta_2 x_2 + \cdots + \beta_n x_n + \mu}}{1 + e^{\alpha + \beta_1 x_1 + \beta_2 x_2 + \cdots + \beta_n x_n + \mu}} \tag{5-7}$$

为进行儿童认知获得的影响因素分析，本书使用了多元线性回归模型：

$$Y = \alpha + \beta_1 x_1 + \beta_2 x_2 + \cdots + \beta_n x_n + \mu \tag{5-8}$$

其中，Y 是认知能力，分学前与学龄两个阶段，学前阶段有语文与数学认知能力，学龄阶段除语文、数学外，还包括英语认知能力。x_n 为自变量，即一系列可能影响认知水平的环境与自身因素，如家庭、学校、社区、同辈群体、地区、城乡、性别、年级等。α 为常数项，μ 为误差项，β_n 为偏系数。

第六章 农民工子女的认知发展环境与认知水平

本章将集中描述调查样本中 4 类儿童群体尤其是留守儿童与流动儿童的认知发展环境与认知水平。儿童的认知资源除自身因素外还主要涉及家庭、学校、社区、同辈群体、地区等。认知能力有语文、数学和英语能力。使用的数据为"中国城镇化与劳动移民研究"项目中 3～15 岁儿童的能力测验及看护人问卷数据，该数据根据抽样过程和家庭中的儿童数量进行了加权处理。本书仅选取了 3～15 岁儿童中进行了能力测试并且对应看护人也回答了相应问卷的个案进行相关内容的分析，总计样本量为 4677。

第一节 农民工子女的认知发展环境

一、儿童的人口特征

（一）儿童类型

研究依据户籍与居住地将儿童分为 4 类：留守儿童、农村非留守儿童、流动儿童和城市本地儿童。留守儿童指因父母双方或之一外出务工、经商，而留守农村一个月以上的未满 16 周岁的子女[①]；流动儿童指跟随外出务工、经商父母双方或之一在城镇生活一个月以上且户籍仍在农村的未满 16 周岁的子女；农村非留守儿童对应于留守儿童，指与非流动父母同住的农村户籍儿童，亦可称为农村完整家庭儿童（书中将这类儿童统称为农村非留守儿童）；城市本地儿童与流动儿童对应，指与非流动父母同住的城市户籍儿童。加权后 4 类儿童[②]所占比例分别为 20.4%、43.2%、15.8%和 20.7%（表 6-1）。农民工子女占全部儿童的 36.2%，略大于 2010 年"六普"数据的比例 32.2%，考虑到这一群体规模的持续增长，大致可以判断加权后数据能够反映农民工子女的实际分布状况[③]。也可以从阶层属性上解读表 6-1，本书将涉及的全部对象统括式地划分为农民阶层、农民工阶层与城市各阶层，农村非留守儿童属农民阶层，城市本地儿童属城市各阶层，留守与流动儿童属农民工阶层。

表 6-1　不同类型儿童分布

涉及对象	未加权样本及比例		加权后样本及比例	
	个案数	百分比/%	个案数	百分比/%
留守儿童	821	17.6	967	20.4
农村非留守儿童	1676	35.8	2052	43.2
流动儿童	1164	24.9	749	15.8
城市本地儿童	1016	21.7	981	20.7
总计	4677	100	4749	100

注：由于四舍五入的原因，百分比加总后可能不为 100%。下同。

（二）性别与年龄

样本中男孩占比 54.0%，女孩为 46.0%。年龄均值为 8.64 岁，标准差为 3.64。能力测验分 4 个年龄组进行，其中 3～6 岁人数最多，占 34.4%，特别

①　从外出父母数量、父母外出时间长度、孩子年龄三个方面定义留守儿童是学术界的普遍做法，但不同研究在具体操作时却存在诸多分歧，分歧主要表现在：父母中有一方外出（部分亲子分离）的孩子就算留守儿童，还是父母双方都外出（完全亲子分离）的孩子才算留守儿童？父母外出时间以 3 个月、4 个月、半年，还是 1 年进行划分？儿童年龄的上限应为 18 岁、16 岁、15 岁，还是 14 岁？在这些问题上，研究者远没有达成共识。事实上，在分析父母外出对留守子女认知发展的影响时，本书就分别考察了宽泛意义上的留守儿童与严格意义上的留守儿童。

②　中国现阶段也存在大规模的本地就业农民工，他们的未成年子女被归入了农村非留守儿童；同样，中国现阶段也有一定规模的城镇户籍的留守儿童与城镇户籍的流动儿童，本书并没有做详细区分，而统一将之归入了城市本地儿童。

③　表 1-2 中，段成荣等将"六普"数据中的儿童年龄界定为 0～17 岁，本书使用的样本年龄为 3～15 岁。统计口径有所差异，但大致具有一定的可比性。

是留守儿童与流动儿童的比例尤其高，分别达 40.1%、42.5%，这说明了农村父母外出经常发生于子女的学前阶段。另外，充足的样本量为分析学前留守儿童与流动儿童的认知发展提供了便利。7～8 岁儿童人数最少，仅 17.4%；9～12 岁、13～15 岁儿童占比分别为 28.9% 与 19.3%（表6-2）。

表 6-2　不同年龄组儿童分布

年龄组	留守/%	农村非留守/%	流动/%	城市本地/%	合计/%
3～6 岁	40.1	31.9	42.5	27.7	34.4
7～8 岁	16.9	17.7	14.8	19.3	17.4
9～12 岁	27.8	28.2	27.6	32.6	28.9
13～15 岁	15.2	22.2	15.1	20.4	19.3
总计	100（967）	100（2052）	100（749）	100（981）	100（4749）

注：括号中为加权样本数。下同。

（三）年级

将就读的年级简单地区分为学前与学龄两个阶段，其中学龄阶段又分为小学与中学两个小阶段。表6-3 显示，小学阶段的儿童最多，约占一半（50.2%）；学前阶段的儿童约为三分之一，中学阶段的儿童最少。需要说明的是，学前阶段是根据实际就读的年级而非年龄进行的划分，存在"3～6 岁"却已经上小学的情况，也可能存在超过 6 岁仍没有入学的情况，这解释了"学前"儿童占比 32.8% 与"3～6 岁"儿童占比 34.4% 不一致的原因。

表 6-3　儿童的年级分布

年级	留守/%	农村非留守/%	流动/%	城市本地/%	合计/%
学前	37.2	30.5	41.2	27.1	32.8
小学	50.6	50.8	44.3	52.9	50.2
中学	12.2	18.7	14.6	20.0	17.0
合计	100（965）	100（2037）	100（748）	100（979）	100（4729）

二、家庭背景

（一）主要看护人

看护人通常是与儿童接触最为频繁的成人，特别是对于年幼的儿童而言，在其成长发展中，看护人的作用至关重要。与大家所直观感觉到的一致，母亲最可能是儿童的主要看护人，这一比例为 67.0%；除父母之外，祖父母为主要看护人第一备选，占比 17.9%；父亲为主要看护人的比例为 11.1%（表6-4）。

表 6-4 儿童的主要看护人

看护人	留守/%	农村非留守/%	流动/%	城市本地/%	合计/%
母亲	35.7	78.1	78.5	66.0	67.0
父亲	6.0	12.4	10.4	14.1	11.1
祖母/祖父	49.6	8.1	7.6	15.1	17.9
外祖母/祖父	6.5	1.0	1.9	3.8	2.8
其他人	2.2	0.4	1.6	1.1	1.1
合计	100（968）	100（2053）	100（750）	100（981）	100（4752）

表 6-4 也表明，父母双方外出工作时，经常将孩子交由祖父母看护，49.6%的留守儿童的主要看护人为祖父母说明了这一状况；35.7%的留守儿童的主要看护人为母亲，说明父母之一外出时，往往是父亲外出工作，母亲在家看护孩子。其实，即使是父母都在身边的非留守儿童，其主要看护人也有一部分并非父母，如城市本地儿童的主要看护人为祖父母或外祖父母者所占比例近五分之一。值得注意的是，流动儿童的主要看护人为祖父母或外祖父母者占比近 10.0%，这说明部分农民工的流动是超出了核心家庭的更大规模的家庭流动。

（二）父亲受教育程度

如果将高中及以上看作较高的教育水平，可以看出，留守儿童和农村非留守儿童父亲的受教育程度高的比例最低，分别为 15.5%、17.5%；流动儿童状况略好于前两者，父亲受教育程度高者占比 23.6%；城市本地儿童的情况最好，占比达 63.3%（表6-5）。流动儿童父亲受教育程度较农村儿童（留守与农村非留守儿童）占优，或许说明高受教育程度的父亲在流动时更倾向于将未成年子女带在身边；而留守儿童父亲的受教育程度较低，或许说明受教育程度较低的父亲在流动时更倾向于将未成年子女留在农村。

表 6-5　父亲受教育程度

受教育程度	留守/%	农村非留守/%	流动/%	城市本地/%	合计/%
小学及以下	32.2	29.9	25.9	7.3	25.1
初中	52.4	52.6	50.5	29.4	47.5
高中及相当	14.0	14.2	20.0	34.1	19.2
大学及以上	1.5	3.3	3.6	29.2	8.3
合计	100（964）	100（2043）	100（745）	100（966）	100（4718）

（三）母亲受教育程度

4 类儿童在母亲受教育程度上表现出了与父亲受教育程度一致的阶梯式差异（表 6-6）。这种差异首先表现在城市乡村之间——生活在城市的儿童母亲的受教育程度明显高于生活在农村的母亲（流动儿童、城市本地儿童母亲的受教育程度较高者的比例分别为 17.1%、55.6%，而留守、农村非留守儿童母亲受教育程度较高者的比例分别仅为 9.3%、12.8%）。其次，农村、城市内部也存在着明显的差异——农村中留守儿童母亲受教育程度高的比例低于农村非留守儿童母亲，城市中则是流动儿童的母亲受教育程度高者的比例明显低于城市本地儿童的母亲。农村、城市内部受教育程度的明显差异除彰显了城市、农村社会中的群体分化现象，以及城乡之间的差异（流动儿童的母亲来自农村）外，也再次表明了家庭文化资本的丰富与贫乏在一定程度上影响了家庭迁移流动的策略。

表 6-6　母亲受教育程度

受教育程度	留守/%	农村非留守/%	流动/%	城市本地/%	合计/%
小学及以下	43.1	46.6	33.8	11.3	36.6
初中	47.7	40.6	49.1	33.1	41.9
高中及相当	7.6	10.2	14.8	31.5	14.8
大学及以上	1.7	2.6	2.3	24.1	6.8
合计	100（963）	100（2044）	100（745）	100（967）	100（4719）

（四）藏书量

除父母的受教育程度外，藏书量是另外一个常见的衡量家庭文化资本的变量。藏书量可以分为家庭藏书量与儿童拥有的书本数量。表 6-7 为儿童拥有的书本数量分布，可以看出，文化资本最丰富的仍为城市家庭，其子女有

20本以上书籍的比例高达54.4%，留守儿童家庭的文化资本最为贫乏（有20本以上书籍的比例仅为33.3%），而农村非留守儿童与流动儿童家庭的差异不大（有20本以上书籍的比例分别为38.0%、37.4%）。

表6-7 儿童拥有书本数量

书本数量	留守/%	农村非留守/%	流动/%	城市本地/%	合计/%
0~9本	43.5	33.3	37.6	21.7	33.7
10~19本	23.2	28.7	25.0	24.0	26.0
20~49本	20.2	20.8	23.1	27.3	22.4
50本及以上	13.1	17.2	14.3	27.1	17.9
合计	100（952）	100（2027）	100（736）	100（960）	100（4675）

表6-8为4类儿童的家庭藏书量分布，可以看出，城市家庭的藏书量最多，有近一半的城市家庭有50本以上的书籍，而留守儿童家庭对应的比例仅为30.1%。从家庭藏书量与儿童拥有的书本数量可知，4类儿童中城市本地儿童的家庭文化资本最为丰富，而留守儿童的家庭文化资本则最为贫乏。

表6-8 家庭藏书量

藏书量	留守/%	农村非留守/%	流动/%	城市本地/%	合计/%
0~9本	31.6	22.3	26.2	10.6	22.4
10~19本	18.8	21.3	21.9	15.1	19.6
20~49本	19.5	23.3	26.9	24.5	23.3
50本及以上	30.1	33.2	24.9	49.8	34.7
合计	100（957）	100（2042）	100（743）	100（965）	100（4707）

另外，本书还以"是否参加了课外辅导或才艺特长班"变量测量了家庭的文化资本（也测量了经济资本），详细描述见第九章。

（五）父亲职业

家庭的社会资本常常以父亲的职业变量进行测量。本书将父亲的职业分为农民、工人、个体经营者和管理人员/专业技术人员4大类。表6-9显示，工人所占比例最大，为45.7%，明显高于农民的比例21.6%，这一方面可能归因于农民的乡城流动导致了职业上从农业到工业等非农产业的变化（71.8%的留守儿童的父亲的职业为工人，51.2%的流动儿童的父亲的职业为工人）；另一方面，可能在于农村自身的非农产业也得到了一定程度的发展，这意味着，即使没有发生乡城流动，部分农民也从事着非农产业的工作（农村非留守儿童父亲职业为工人的比例为35.2%）。从农民到工人的职业变动，是一种向上的社会流动，本书关注的是，这种向上的流动分别对留守儿童与流动儿童有着怎样的意义。

需要说明的是，农民工从事的工作往往是缺乏技术含量的体力劳动，虽然同为工人，却可能与城市本地工人有着不同的工作内容、回报与制度遭遇，因此，这种分类也存有不足。除农民与工人外，父亲职业为个体经营者的比例为20.3%，父亲职业为管理人员或专业技术人员的比例为12.4%。

表 6-9　父亲的职业

职业	留守/%	农村非留守/%	流动/%	城市本地/%	合计/%
农民	9.1	42.0	7.2	1.9	21.6
工人	71.8	35.2	51.2	36.6	45.7
个体经营者	14.7	14.8	33.9	27.3	20.3
管技人员	4.5	8.0	7.8	34.3	12.4
合计	100（917）	100（1902）	100（709）	100（858）	100（4386）

（六）家庭经济状况

家庭收入数据的收集从来不易，一是因为它是一个涉及隐私的敏感问题，容易遭到被访者拒答或敷衍；二是即使被访者愿意认真回答，也存在记不清楚自己或家庭实际收入的情况。为克服这一困难，本书采用较为笼统的家庭经济状况测量方法，用对问题"每个月底，您通常会有钱剩余下来，刚好收支平衡还是入不敷出？"的回答区分现阶段家庭经济状况的"好、一般、差"；用对问题"孩子的出生地，是医院还是家里等其他地方？"的回答区分过去家庭经济状况的"好、差"。表 6-10 为现阶段家庭经济状况分布，留守、农村非留守、流动与城市本地儿童家庭经济状况为"好"的比例分别为35.0%、49.0%、56.8%和58.5%，为"差"的比例分别为22.0%、15.6%、7.1%和8.0%。表 6-11 为儿童出生时的家庭经济状况，留守、农村非留守、流动与城市本地儿童家庭经济状况为"好"的比例逐次变大，为"差"的比例则逐次递减。这一分布状况说明，从整体来说，无论是过去还是现阶段，城市儿童家庭的经济状况都是最好的，流动儿童家庭的经济状况次之，留守儿童家庭的经济状况最差。

表6-10　现阶段家庭经济状况

经济状况	留守/%	农村非留守/%	流动/%	城市本地/%	合计/%
差	22.0	15.6	7.1	8.0	13.9
一般	43.0	35.4	36.2	33.5	36.7
好	35.0	49.0	56.8	58.5	49.4
合计	100（927）	100（2019）	100（733）	100（964）	100（4643）

表6-11　儿童出生时家庭经济状况

经济状况	留守/%	农村非留守/%	流动/%	城市本地/%	合计/%
差	26.7	22.5	16.7	5.5	18.9
好	73.3	77.5	83.3	94.5	81.1
合计	100（948）	100（2035）	100（741）	100（971）	100（4695）

具体观察现阶段家庭经济状况分布，可以发现流动儿童家庭与城市儿童家庭的经济状况分布基本一致（"好"的比例分别为 56.8%、58.5%；"差"的比例分别为 7.1%、8.0%），这或许说明了从农村到城市的流动提高了流动儿童家庭的经济收入，而正是有了经济基础的保障，才更易将子女带在身边。而留守儿童的家庭经济状况差的现实，或许部分解释了子女留守的原因。

另外，本书也考察了家庭结构对儿童认知发展的意义，并以"家庭中 0～15 岁儿童数量"变量对家庭结构进行测量，关于家庭结构的详细分析见第九章。

三、学校

学校是除家庭之外影响儿童认知发展最为重要的近端环境。上不上学、就读学校质量的优劣对儿童的认知发展都有着截然不同的意义。本书将分学前与学龄两个阶段分析学校对儿童认知发展的效应，用"是否进入幼儿园"测量学前教育的影响，学龄阶段则注重学校质量（学校设施与教学管理状况）的分析。关于学前教育与就读学校质量详细的描述与分析见第九章，这里仅呈现学龄阶段不同类型儿童看护人与学校的深度互动状况（这一变量也测量了家庭的社会资本）。用"出席孩子参与的学校活动（如文艺演出或体育活动）次数"与"单独找班主任、任课教师或者校长谈论孩子情况的次数"进行判断，只要这两种情况之一大于0，就视为"有深度互动"，否则视为"无深度互动"。结果显示，在与学校互动方面，留守儿童家庭的作为最是不足，有深度互动的比例仅为 28.1%，低于农村非留守儿童家庭的比例 35.0%、流动儿童家庭的比例 45.3%，更低于城市本地儿童家庭与学校深度互动的比例 59.3%（表 6-12）。这种状况可能与父母在外工作有关，家庭与学校互动的缺失对留守儿童认知发展的影响正是本书关注的重要议题。

表 6-12　家庭与学校的深度互动

项目	留守/%	农村非留守/%	流动/%	城市本地/%	合计/%
有	28.1	35.0	45.3	59.3	41.0
没有	71.9	65.0	54.7	40.7	59.0
合计	100（519）	100（1261）	100（422）	100（685）	100（2887）

四、同辈群体

同辈群体也是可能影响儿童认知发展的重要因素之一，常见的同辈群体有兄弟姐妹、同学和朋友。本书用"家庭 0～15 岁儿童数量"与"好朋友数量"进行测量。结果显示，不同类型儿童的好朋友数量分布差异并不明显（表 6-13），这或许表明用"好朋友数量"测量同辈群体并非最好的选择。而且从理论上讲，对儿童的认知发展而言，同辈群体的质量高低（如认知水平的高低）要远远重要于数量的多少，可惜的是本次调查并没有收集相关资料。"家庭 0～15 岁儿童数量"的描述统计见第九章。

表 6-13　好朋友数量

数量	留守/%	农村非留守/%	流动/%	城市本地/%	合计/%
没有	5.4	8.1	8.9	5.5	7.1
1～3 个好朋友	33.1	25.8	32.2	31.4	29.3
4～6 个	32.6	31.5	33.4	35.8	33.0
7 个及以上	29.0	34.6	25.4	27.2	30.6
合计	100（556）	100（1354）	100（425）	100（687）	100（3022）

五、社区

社区环境也会影响儿童的成长发展。本书通过被访者对问题"您居住的社区/村是否是一个养育孩子的好地方"的回答将社区整体状况区分为"好、一般、差"三类。结果发现，留守儿童居住的社区"差"的比例最高，为 12.3%，

"好"的比例最低，为22.1%，这说明了留守儿童居住环境的劣势；而流动儿童居住社区"差"的比例最低，仅为5.0%，甚至略低于城市本地儿童的比例5.2%，"好"的比例较低，为23.8%，仅略高于留守儿童的比例22.1%，这或许说明，农民工往往居住在环境状况相对较差的城市社区，但相比较老家的状况，他们虽然不认为自己居住的地方有多么"好"，但也并不认为现在居住的环境有多么"差"（表6-14）。

表6-14　社区状况

状况	留守/%	农村非留守/%	流动/%	城市本地/%	合计/%
差	12.3	7.8	5.0	5.2	7.7
一般	65.5	62.8	71.3	57.5	63.6
好	22.1	29.4	23.8	37.3	28.7
合计	100（940）	100（2025）	100（741）	100（973）	100（4679）

六、区域

城乡与地区是更为宏观的环境，儿童类型的划分就能够反映所在地是城市还是农村。参照已有文献，本书将儿童所在地区划分为"东部""中部"与"西部"，将儿童出生地区划分为"以农业为主的农村""以工商业为主的农村"与"城镇/城市"。结果发现，西部与中部地区的留守儿童比例最高，占四分之三；而六成以上的流动儿童都集中在东部，考虑到东中西部的经济水平，这说明流动更多的是从经济欠发达地区到经济发达地区的劳动力转移。（表6-15）

表6-16同样表明了经济不平衡在劳动力转移中的作用，留守儿童主要集中在以农业为主的农村（90.8%），流动儿童主要来自以农业为主的农村（59.7%）。除此之外，表中有趣的数据是，有7.3%的留守儿童出生在城镇，这说明这部分儿童有流动的经历；有7.5%的农村非留守儿童出生在城镇，说明这部分儿童也有流动的经历；有30.9%的流动儿童出生在城镇，这说明大约三分之一的农民工的流动已趋于稳定化；有超过五分之一的城市本地儿童出生在农村，这说明这部分儿童的家庭与农村存在某种形式的联系，更可能情况是，该家庭原来在农村，然后通过某种途径来城市生活转为了城市户籍。这一数据也提醒研究者，以户籍与居住地进行儿童分类的方法可能存在着不足，要审慎地对待以这种分类为基础的研究结论。

表 6-15　儿童所在地区分布

地区	留守/%	农村非留守/%	流动/%	城市本地/%	合计/%
东部	25.0	49.6	61.4	43.6	45.2
中部	36.0	22.2	19.0	31.9	26.5
西部	39.0	28.1	19.6	24.5	28.3
合计	100（968）	100（2051）	100（749）	100（981）	100（4749）

表 6-16　儿童出生地分布

出生地	留守/%	农村非留守/%	流动/%	城市本地/%	合计/%
农业为主农村	90.8	87.9	59.7	18.0	70.0
工商为主农村	1.9	4.6	9.4	3.8	4.6
城镇/城市	7.3	7.5	30.9	78.2	25.4
合计	100（917）	100（1930）	100（693）	100（893）	100（4433）

第二节　认知水平测量计分方法与信度检验

一、分值计算

儿童学习能力测验分为"3～6 岁、7～8 岁、9～12 岁、13～15 岁"4 个年龄组进行，每个年龄组分测验都有专门的答卷纸及评分标准。施测者要严格按照提供的评分标准对语文、数学、英语答卷进行评分，如果题目答案正确，在题目后面的分值栏内划"√"，如果不正确，则划"○"，最后加总划"√"的分值，就是测验得分。语文、数学测验的满分为 50 分，英语测验的满分为 10 分。这样，每个完成测试的儿童就会得到 1 个认知总分数及 2 个或 3 个反映认知能力不同方面的分测验分数（表 6-17）。

表 6-17　不同年龄组儿童分测验得分及总得分

年龄组	语文分	数学分	英语分	总得分
3～6 岁	√	√		语文+数学
7～8 岁	√	√		语文+数学
9～12 岁	√	√	√	语文+数学+英语
13～15 岁	√	√	√	语文+数学+英语

事实上，由于详细记录了受测儿童在任一题目上的得分，而每个题目都

有其特定的测量内容方向,这就意味着,除可以得到总分数及分测验分数外,也可以得到任一受测儿童在某一方面的能力分值,如想考察儿童的阅读能力,就可简单地把测量该儿童阅读题目的分值相加,这极大地扩展了研究的内容范围。不过,相比认知能力本身,本书更关注影响认知能力的情境因素,特别是农民工流动是否,以及怎样影响了子女的认知能力。因此,在分析时,本书并没有利用具体能力测试的分值分布,而是注重不同类型儿童的各分测验分数的比较。

二、测量信度

信度即可靠性,学习能力测验信度就是语文、数学、英语分测验的稳定性、可靠性程度。由于各分测验不是单维度结构,所以 α 系数并非衡量测试结果稳定性的最理想指标。考虑到各分测验基本按照由易到难的顺序对题目进行编排,本书采用奇偶分半的方法,通过两半得分的皮尔逊相关系数计算出分半信度,进而判断各测验工具的稳定性。而这种方法折半了测试的长度,低估了整个测试信度,因此,试图通过斯皮尔曼-布朗公式(Spearman-Brown)对分半信度进行校正。斯皮尔曼-布朗公式如下:

$$r_{SB} = \frac{2r_{hh}}{1+r_{hh}} \tag{6-1}$$

公式中 r_{hh} 是分半信度,r_{SB} 是通过斯皮尔曼-布朗公式校正后的信度。表6-18为各年龄组儿童分测验的分半信度及校正信度。从整体上看,各分测验的稳定性较高,校正信度都在0.8以上,特别是数学测验,校正信度均在0.9以上。

表6-18   各分测验的分半信度及校正信度

测验名称	年龄组	分半信度	斯皮尔曼-布朗公式校正信度
语文测验	3～6岁	0.76	0.86
	7～8岁	0.82	0.90
	9～12岁	0.78	0.88
	13～15岁	0.73	0.84
数学测验	3～6岁	0.86	0.92
	7～8岁	0.88	0.94
	9～12岁	0.91	0.95
	13～15岁	0.82	0.90
英语测验	9～12岁	0.74	0.85
	13～15岁	0.66	0.80

第三节　不同类型儿童的认知水平与差异

每个年龄组儿童都有对应的评估内容，其中语文与数学能力测试是每个年龄组的必测内容，而英语能力测试仅适用于两个较大的年龄组。

将每个儿童的语文、数学与英语测验得分分别进行标准化转换，转换后的标准分数作为最终可以比较的分值。转换的具体过程为：首先，将相同年龄的儿童进行分组，求每一组儿童在对应测试内容上的均值（M）和标准差（S），通过标准化公式 $Z=(x-M)/S$，计算标准分数；接着，采用韦克斯勒计算离差智商的方法，利用公式"最终标准化分数=100+15Z"，将平均值定为100，标准差定为15，计算得到的分数作为进行分析比较的最终分数。

一、不同类型儿童的语文认知状况及差异检验

不同类型儿童的语文认知平均得分表明，留守儿童处在语文认知的最弱势位置，平均得分仅为 96.13 分，比同在农村的非留守儿童低 2 分，比跟随父母流动的儿童低 6 分，比城市儿童低 9 分（图 6-1）。不但留守儿童与其他儿童群体存在差异，农村非留守儿童与流动儿童、流动儿童与城市本地儿童之间也存在差异，表现为，流动儿童的认知分数高于农村非留守儿童，城市本地儿童的认知分数高于流动儿童。

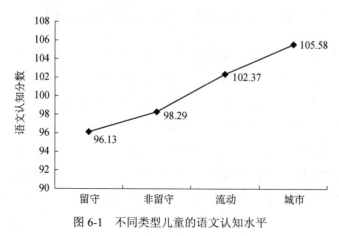

图 6-1　不同类型儿童的语文认知水平

那么，在语文认知上不同类型儿童群体的这种差异是否只是由抽样误差造成的？这种差异存在系统性吗？方差分析是检验差异系统性的一种有效手段，具体步骤为：首先进行方差齐性检验，得到 $p=0.015<0.05$，因此，拒绝方差齐性假设，方差为非齐性。之后，通过 Tamhane T2 法进行多重比较。结果显示，留守儿童、农村非留守儿童、流动儿童与城市本地儿童两两组合的均值差都达到了显著性水平（表 6-19），这说明在语文认知上，4 类儿童群体存在着系统性差异。

表 6-19   不同类型儿童语文认知分数的多重比较

儿童类型（I）	儿童类型（J）	均值差（I-J）	标准误
留守儿童	农村非留守儿童	-2.17***	0.56
	流动儿童	-6.25***	0.69
	城市本地儿童	-9.46***	0.64
农村非留守儿童	留守儿童	2.17***	0.56
	流动儿童	-4.08***	0.62
	城市本地儿童	-7.29***	0.56
流动儿童	留守儿童	6.25***	0.69
	农村非留守儿童	4.08***	0.62
	城市本地儿童	-3.21***	0.70
城市本地儿童	留守儿童	9.46***	0.64
	农村非留守儿童	7.29***	0.56
	流动儿童	3.21***	0.70

注：*** $p<0.001$。下同。

二、不同类型儿童的数学认知状况及差异检验

图 6-2 为不同类型儿童群体数学认知分数分布，与语文认知分数分布一致，仍然是留守儿童分数最低，为 96.73 分；农村非留守儿童次之，为 98.42 分；流动儿童较高，为 101.81 分；城市本地儿童最高，达 105.13 分。这种差异是否存在系统性？为此，仍通过方差分析的方法：首先进行方差齐性检验，得到 $p=0.264>0.05$，因此，无法拒绝方差齐性假设，方差为齐性。之后，通过 LSD 法进行多重比较。结果显示，留守儿童等 4 类儿童两两组合的均值差都达到了显著性水平，差异具有系统性（表 6-20）。

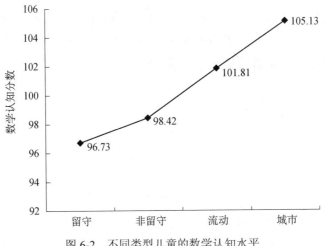

图 6-2　不同类型儿童的数学认知水平

表 6-20　不同类型儿童数学认知分数的多重比较

儿童类型（I）	儿童类型（J）	均值差（I-J）	标准误
留守儿童	农村非留守儿童	-1.69***	0.57
	流动儿童	-5.09***	0.71
	城市本地儿童	-8.40***	0.66
农村非留守儿童	留守儿童	1.69***	0.57
	流动儿童	-3.39***	0.63
	城市本地儿童	-6.71***	0.57
流动儿童	留守儿童	5.09***	0.71
	农村非留守儿童	3.39***	0.63
	城市本地儿童	-3.32***	0.71
城市本地儿童	留守儿童	8.40***	0.66
	农村非留守儿童	6.71***	0.57
	流动儿童	3.32***	0.71

三、不同类型儿童的英语认知状况及差异检验

不同类型儿童的英语认知分数分布与语文、数学认知分数的分布一致，仍然是留守儿童、农村非留守儿童的分数低（认知分数分别为 95.13、98.38），流动儿童、城市本地儿童的分数高（认知分数分别为 103.10、105.28），最高分与最低分之差达到 10 分之多（图 6-3）。为检验差异的系统性，同样采用单因素方差分析方法，方差齐性检验的 p 值小于 0.05，拒绝方差齐性假设，方差为非齐性，通过 Tamhane T2 法进行多重比较。结果表明，在 4 类儿童群体两两组合的比较中，除流动儿童与城市本地儿童的均值差不存在显著性差异

外，其余的组合比较均差异显著（表 6-21）。也就是说，虽然流动儿童的英语均值比城市本地儿童的英语均值低 2 分，但这种差异可能是随机误差造成的，即在英语认知上，两群体可能并无系统性差异。

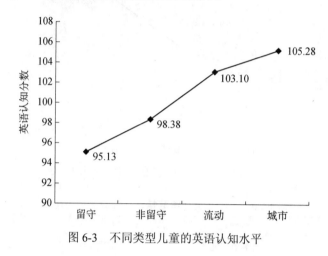

图 6-3 不同类型儿童的英语认知水平

表 6-21 不同类型儿童群体英语认知分数的多重比较

儿童类型（I）	儿童类型（J）	均值差（I-J）	标准误
留守儿童	农村非留守儿童	-3.24***	0.83
	流动儿童	-7.96***	1.05
	城市本地儿童	-10.15***	0.92
农村非留守儿童	留守儿童	3.24***	0.83
	流动儿童	-4.72***	0.93
	城市本地儿童	-6.90***	0.78
流动儿童	留守儿童	7.96***	1.05
	农村非留守儿童	4.72***	0.93
	城市本地儿童	-2.18	1.01
城市本地儿童	留守儿童	10.15***	0.92
	农村非留守儿童	6.90***	0.78
	流动儿童	2.18	1.01

第四节 小 结

综合上述分析可以发现，无论在语文、数学还是英语认知方面，生活学习在农村的儿童特别是留守儿童总是处在最为弱势的位置，生活学习在城市的流动儿童与城市本地儿童表现总是较好。在留守儿童、农村非留守儿童、流动儿童与城市本地儿童两两的组合比较中，除流动儿童与城市本地儿童在英语认知上不存在显著差异外，其余组合的均值差都达到了显著性水平，说明从整体上看，这些群体存在本质上的不同，探讨这些儿童群体认知水平差异的原因无疑具有重要的意义，而且差异的存在也为 4 类儿童群体划分的合理性提供了依据。

在 4 类儿童群体的组合比较中，本书尤其关注"留守—非留守""留守—流动""非留守—流动"组合，并试图通过对这些组合的分析，回答如下问题：留守儿童与农村非留守儿童在认知水平上的系统差异与父母外出工作有关系吗？有关系的话，父母外出工作对子女认知发展影响的机制是什么？没有关系的话，又是什么因素导致了留守儿童在认知上的弱势处境？相比农村儿童，流动儿童在认知发展上的优势与从农村到城市的流动有关系吗？有关系的话，其可能的机制又是什么？没有关系的话，又是什么因素导致了流动儿童认知发展上的相对优势地位？还有，如果乡城迁移促进了流动儿童的认知发展，那么，这种促进对农民工阶层子女社会地位的改变或社会流动基础的建立是否有着实质性的影响？即本书既关注乡城流动之于儿童发展效应的正负，也注重对更为深入重要的问题——"乡城流动—儿童成长发展—阶层限制"关系的探讨。

第七章 农民工乡城流动
对留守儿童认知发展的影响

第一节 父母外出对留守子女认知发展的影响：
争论与讨论

"父母外出对留守子女的教育、学业既有积极影响也有消极效应"，这是无论跨国迁移研究还是国内迁移研究比较一致的看法。

积极影响的逻辑为：相比不外出时，外出时工作收入增加，家庭经济状况得到改善，家庭投资于子女教育的费用增加，子女的教育资源改善，从而对子女的教育机会、学业成就产生正向效应；家庭收入增加，有利于改善留守子女的营养状况，增进身体健康，从而间接促进学业发展；另外，家庭收入提高，可以购买部分劳动，这样子女参与劳动的时间减少，用于学习的时间增多；还有，父母外出工作的经历，可能改变了教育理念，提升了对子女的教育期望，也有助于学业成绩的提高。

消极影响的逻辑是：父母外出工作导致对子女照顾与监督的缺失，不利于子女学业；另外，父母外出，家庭中劳动力减少，可能增加孩子的劳动时间，这也会对子女的学业表现产生负向效应；还有，外出父母的指导水平往往高于替代看护人，父母的不在场意味着对孩子学业指导水平的降低，较高质量互动的减少，不利于孩子的认知发展、学业表现；最后，父母外出可能对子女的心理发展产生消极影响，从而间接影响学业成绩。

对任一留守未成年子女来说，父母外出的消极与积极影响往往同时存在，共同发挥作用，而两者作用方向相反，因此，最终的综合效应方向不好判断，已有研究的结论也并不统一。

在关于跨国迁移或国外内部迁移的研究文献中，部分文献的结论是父母迁移对留守子女的教育、学业成就影响的综合效应为正（Battistella and Conaco，1998；Kandel and Kao，2001；Edwards and Ureta，2003；Lu，2007；Lu and Treiman，2008）；而另一些研究则认为父母迁移对留守子女的教育、学业成就影响的总效应为负，或两者不存在明显的关系（Mboya and Nesengani，1999；Kandel，2003；Hanson and Woodruff，2003；Mckenzie and Rapoport，2011）。Lu 和 Treiman（2008）关于南非黑人劳动移民对子女教育影响的研究发现，移民汇款通过增加家庭教育投资、减少儿童劳动、弥补父母缺失三个路径增加了子女在学的可能性，但这种积极效应的发生需要以留守家庭收到汇款为前提，对那些没有汇款的留守家庭的子女来说，在某种程度上其处境相比没有移民家庭的子女更为不利。Mckenzie 和 Rapoport（2010）的研究则认为汇款虽然可以弥补父母缺失的部分影响，但从总体上看，父母不在场的负面效应更大。Kandel（2003）的研究则发现汇款与留守子女的学校教育之间并不存在明显的关系。

中国农民工流动对留守子女学业表现影响的结论同样充满了争议。大部分文献认为父母外出务工经商给留守子女的学业造成了负面影响。林宏（2003）的研究发现，在学习上，相比较非留守儿童，留守儿童的成绩差者比例高，厌学、逃学倾向明显。周宗奎等（2005）以义务教育阶段的学生为研究对象，分别对教师、学生进行了问卷调查，结果发现，教师认为留守儿童在学习等方面比非留守儿童的问题严重，但儿童自我报告表明，在学习适应方面留守儿童与其他儿童并没有显著的差异，这或许意味着，在学习过程中留守儿童还要克服教师期望的不利因素。范方和桑标（2005）的研究发现，父母外出务工经商使"留守儿童"处在相对不良的家庭环境中，不良的家庭环境诱发了儿童不良的人格因素，而不良的人格导致了儿童的行为问题与不良的学业表现，如此形成恶性循环。叶敬忠等（2006）的研究发现，留守儿童较重的劳务负担影响了其生活、学习。胡枫和李善同（2009）的研究结论是，父母外出，留守儿童的替代看护人多为年龄偏大、文化程度较低的祖父母等人，他们无法提供给孩子学习上的支持帮助，从而影响了孩子的学业表现。

一些文献认为，对儿童的成长发展而言，母亲有着比父亲更为重要的作用（刘霞等，2007；贾勇宏，2008）。杨菊华和段成荣（2008）把留守儿童分为"与父亲留守儿童""与母亲留守儿童"和"无父母留守儿童"，进而比较教育机会的差异，结果发现，在留守儿童内部，教育机会存在明显差别，只有与母亲一起留守的儿童，教育机会才得到改善；相反，与父亲一起留守的儿童，教育机会显著降低，这一结论提醒我们重视留守模式。

与上述文献的结论不同，朱科蓉等（2002）通过对江西、湖南、河南三省农村留守儿童学习状况调查数据的分析发现，虽然父母外出务工对留守子女的学习动机、过程与学习环境产生了一定影响，但子女的学习成绩并没有因父母是否外出务工及务工时间长短而有差异。吴霓等（2004）的调查也发现农村留守儿童与非留守儿童在学习兴趣、对自身学习成绩认识方面并无显著差异。Xu和Xie（2015）的研究发现，父母进城务工有利于留守子女学习时间的增加，但对其成长发展的其他方面（学业表现、政治常识、心理状况、人际关系、家务劳动时间与营养健康）并无显著影响。段成荣等根据全国人口普查数据及抽样调查数据分析发现，在小学与初中阶段，留守儿童的教育机会相比农村非留守儿童不仅没有明显的劣势，甚至还稍好一些（段成荣和杨舸，2008；杨菊华和段成荣，2008；段成荣等，2014）；留守儿童的学业成绩也好于农村非留守儿童（段成荣等，2014）。陈欣欣等（2009）利用陕西、宁夏的调查数据分析发现，与父母都在家的学生相比，平均而言，无论是父母之一，还是父母双方都外出的农村家庭，其子女的学习成绩并没有下滑，甚至可能是劳动力外出带来收入的正向效应抵消了父亲缺失产生的负面影响，导致父亲外出打工不仅不会对其子女的学习成绩带来负面影响，反而在一定程度上促进了子女成绩的提高。胡枫和李善同（2009）的研究则表明，留守儿童看护人是否为其父亲或母亲对留守儿童的教育并没有显著的正面影响。

第二节　父母外出工作会阻碍留守子女的认知发展吗？

从上述关于父母外出对留守未成年子女认知发展影响的争论可以看出，

学者对"流动对未成年子女认知发展影响的综合效应方向是正还是负"远没有形成一致的看法。父母外出对子女的认知发展存在双重影响或许是国内外关于这一问题达成的唯一共识。

对中国的留守儿童而言,父母外出务工经商对其认知发展影响的正负效应同时存在,最有利的影响可能是家庭收入得到提高,这对贫困地区的儿童来说可能意味着可得教育资源增加、劳动时间减少,学习时间增多;但依据"最近发展区"概念,成人的指导能够促进儿童的认知发展,父母之一特别是双方外出,导致看护人的变换,这些替代看护人往往是年老、体弱、文化程度低者,他们的指导水平、监护力度可能远远比不上孩子的父母,从而产生经济收入无法弥补的负面影响,这也是假设 1 提出的逻辑思路。然而,利用大范围代表性数据,排除干扰因素,分析父母外出对子女认知发展影响的净效应是以往大多研究不曾做过或没有做到的。下面,本书将利用全国性数据,以倾向值匹配的方法,回答"父母外出工作会阻碍留守子女的认知发展吗?"这一问题,主要步骤有:建立留守选择性模型、利用倾向性分值匹配样本、平衡性检验、利用匹配后样本计算流动的净效应。

一、建立留守选择性模型

什么因素可能既影响儿童的认知能力又影响家长流动迁移的决策?参考已有文献并结合农村儿童群体的特点,本书选择了个人、家庭与地区三个层次的变量。个人层次变量为儿童的性别与年龄。家庭层次的变量为父亲年龄、母亲年龄、父亲受教育程度、母亲受教育程度、家庭中 0～15 岁儿童的数量与儿童的出生地点。其中,父母的受教育程度与儿童出生的地点是衡量家庭社会经济地位的变量。需要说明的是,本书并没有采用家庭社会经济地位的惯常测量变量——父母的职业及现阶段收入状况,这主要是因为留守儿童父母当前的职业与收入很大程度上是迁移的后果,只有迁移之前的家庭社会经济地位才能影响迁移的决策。而儿童在医院出生,还是在医院之外的其他场所(主要是家里)出生,不但是家长地位观念的反映,大致也反映了父母迁移之前的家庭经济状况。地区变量(取值为东部、中部、西部)则从更宏观层次上假设了地区差异对迁移决策的影响。

以二分变量"是否留守儿童"(留守儿童=1,农村非留守儿童=0)作为因变量，上述三个层次的变量作为自变量，拟合 logit 模型（表 7-1）。可以看出，中部、西部儿童相比东部儿童有更高留守的可能性；父亲越年轻，儿童留守的可能性越大；家庭中 0～15 岁儿童越多，则儿童留守的可能性越大；社会经济地位低（不在医院出生）的家庭的儿童更可能留守。另外，父母受教育水平的影响虽没有达到显著性水平，但总体上呈现出父母受教育程度低的儿童更可能留守的特点。模型的虚拟 R^2 为 7.7%，这在社会学研究中是一个比较高的水平，因此可以判断该模型选择的变量对儿童是否留守具有较好的预测效果。

表 7-1　预测留守倾向值的 logit 模型（留守儿童—农村非留守儿童）

变量	系数
儿童性别（男=1）	0.14（0.08）
儿童年龄	-0.02（0.01）
父亲年龄	-0.05（0.01）***
母亲年龄	-0.01（0.01）
父亲受教育程度（参照组：小学及以下）	
初中	-0.17（0.10）
高中及相当	-0.12（0.16）
大学及以上	-0.75（0.36）*
母亲受教育程度（参照组：小学及以下）	
初中	0.31（0.10）**
高中及相当	-0.28（0.18）
大学及以上	-0.01（0.36）
家庭 0～15 岁儿童数	0.11（0.05）*
儿童出生地点（医院=1）	-0.22（0.11）*
地区（参照组：东部）	
中部	1.08（0.11）***
西部	0.97（0.11）***
截距	0.75（0.37）*
N	2454
Log likelihood	-1713.02***
虚拟 R^2	7.7%

注：*表示 $p<0.05$，**表示 $p<0.01$，括号中为标准误。下同。

二、利用倾向性分值匹配样本

在计算出留守的倾向值之后，本书采用卡尺范围内最近邻匹配方法进行样本匹配，该方法是近邻匹配与卡尺匹配的综合。近邻匹配的思路如下式所示，P_i 和 P_j 分别是干预组、控制组成员的倾向值，当倾向值差的绝对值在所有干预组与控制组配对中最小时，控制组成员 j 就被作为干预组成员 i 的匹配，这一方法的问题在于，对于近邻没有限制，即使 P_i 与 P_j 差的绝对值很大，只要两者的倾向值最邻近，j 仍然被看作 i 的匹配。

$$C(P_i) = \min_j \|P_i - P_j\| \qquad (7\text{-}1)$$

卡尺匹配通过要求两个成员间倾向值绝对距离小于事先设定卡尺的方式克服了近邻匹配的这一不足，并且通常以样本估计中倾向值标准差的四分之一作为卡尺大小。卡尺范围内最近邻匹配方法综合了近邻匹配与卡尺匹配的优点，首先对干预组与控制组成员进行随机排列，之后从干预组中选出一个成员 i，如果 i 与控制组成员 j 的倾向值绝对距离在设定的卡尺范围内，并且该值是卡尺范围内 i 与 j 形成的所有配对中最小的，则 j 就为 i 的一个匹配。接着把已经匹配的 i 与 j 从匹配范围内移出，进行下一个干预组成员的匹配（郭申阳和弗雷泽，2012：96）。

三、平衡性检验

倾向值匹配需要干预组与控制组具有较大的共同支持域才会产生好的效果，这是因为匹配时共同支持域之外的案例将会被排除。表现在倾向值上，就是会排除干预组中低于控制组最低值高于控制组最高值的成员，同样，控制组中低于干预组最低值高于干预组最高值的成员也被排除。留守儿童与农村非留守儿童匹配前倾向值概率密度分布对比表明，两群体有较大的共同支持域（图 7-1a 中实线与虚线的交叉部分），满足了倾向值匹配的前提条件。

平衡性检验主要考察匹配的效果，即匹配后样本中干预组与控制组的混淆变量是否存在系统性差异。比较匹配后样本干预组与控制组倾向值概率密度分布图是平衡性检验的方法之一。从匹配后倾向值概率密度分布看（图 7-1b），留守儿童与农村非留守儿童的概率密度分布基本一致。

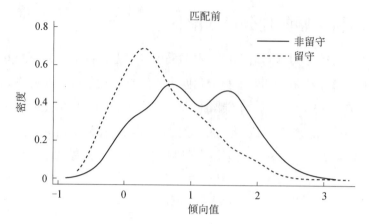

图 7-1a　留守儿童与农村非留守儿童匹配前倾向值分布对比

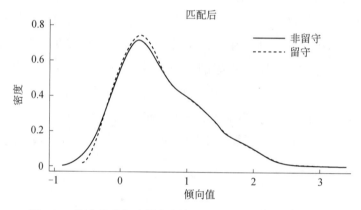

图 7-1b　留守儿童与农村非留守儿童匹配后倾向值分布对比

另一种平衡性检验的方法是直接检验干预组与控制组匹配前后在混淆变量上的差异性，对于连续变量常用方差分析方法进行检验，对于类别变量常用卡方检验方法进行检验。在进行倾向值匹配前留守儿童与农村非留守儿童在年龄、父亲年龄、母亲年龄、父亲受教育程度、母亲受教育程度、家庭中 0～15 岁儿童数量、出生地点、所在地区变量上存在显著差异，而匹配后两组在这些特征上的系统性差异全部消失，说明匹配后的样本较好地通过了平衡性检验（表 7-2）。

表 7-2　留守儿童与非留守儿童特征的平衡性检验

变量	匹配前（F 或 χ^2）	匹配后（F 或 χ^2）
儿童性别	0.74	0.00
儿童年龄	22.68***	1.96
父亲年龄	64.32***	0.75

变量	匹配前（F 或 χ^2）	匹配后（F 或 χ^2）
母亲年龄	56.53***	1.27
父亲受教育程度	14.49**	2.16
母亲受教育程度	18.01***	3.51
家庭 0~15 岁儿童数	21.37***	0.43
儿童出生地点	4.23**	0.00
地区	149.07***	0.53

四、影响效应分析

利用匹配后样本（$N=1500$）计算因父母双方或之一外出引发的留守儿童对认知水平的影响效应 ATT，结果见表 7-3。结果表明，整体上，留守儿童与农村非留守儿童在认知上并无显著性差异，无论是语文认知、数学认知还是英语认知，两组儿童的平均差异都没有达到显著性水平。具体而言，留守儿童语文、数学与英语认知的平均分值都低于农村非留守儿童对应的均值。其中，语文认知分值差异最小，相差 0.24 分；英语认知差异最大，相差 1.49 分，但都没有达到显著性水平，即无法排除差异的随机性，说明农民工流动对留守儿童的认知发展并无显著性影响。

表 7-3　父母之一外出对留守儿童认知能力的影响效应

认知能力	留守儿童（均值）	农村非留守儿童（均值）	ATT
语文认知能力	96.55	96.79	-0.24（0.75）
数学认知能力	96.82	96.96	-0.14（0.75）
英语认知能力	95.12	96.61	-1.49（1.17）

五、父母双方外出对子女认知能力的影响效应

以上农民工流动与留守儿童认知发展关系的分析，建立在将父母之一外出务工经商的农村儿童定义为留守儿童的基础之上。如果采用更为严格的定义，将父母双方外出的农村儿童视为留守儿童，那么，农民工流动对这一群体认知能力的影响又是怎样的？留守儿童与农村非留守儿童认知能力差异是否显著？或者说农民工流动对留守儿童认知发展的影响是否因留守模式的不同而有异？

样本中父母双方都外出的留守儿童共 403 人，将父母中仅一人外出的农村儿童归入非留守儿童（2092 人）。将留守儿童作为干预组，农村非留守儿童作为控制组。之后，仍将上述三个层次的变量作为自变量，拟合 logit 模型（表 7-4）。可以看出，与父母之一外出留守儿童的分析结果基本一致，中西部儿童有着更高的留守可能性；父母越年轻，儿童留守的可能性越大；家庭子女数越多，儿童留守的可能性越大。模型的虚拟 R^2 为 10.2%，是一个较大的值，可以判断该模型具有较好的预测效果。

表 7-4　预测留守倾向值的 logit 模型（父母双方外出留守儿童—农村非留守儿童）

变量	系数
儿童性别（男=1）	0.30（0.11）**
儿童年龄	0.01（0.02）
父亲年龄	-0.05（0.02）***
母亲年龄	-0.06（0.02）**
父亲受教育程度（参照组：小学及以下）	
初中	-0.13（0.14）
高中及相当	-0.27（0.20）
大学及以上	-0.73（0.48）
母亲受教育程度（参照组：小学及以下）	
初中	0.30（0.13）*
高中及相当	-0.18（0.24）
大学及以上	0.25（0.45）
家庭 0~15 岁儿童数	0.20（0.06）***
儿童出生地点（医院=1）	-0.24（0.14）#
地区（参照组：东部）	
中部	0.95（0.14）***
西部	1.09（0.14）***
截距	1.10（0.48）*
N	2454
Log likelihood	-1163.65***
虚拟 R^2	10.2%

注：#表示 $p<0.1$，下同。

匹配前倾向值概率密度分布对比表明，两群体有较大的共同支持域（图7-2a），说明满足了倾向值匹配的前提条件。而匹配后倾向值概率密度分布基本一致（图7-2b）则表明了匹配的效果较好。

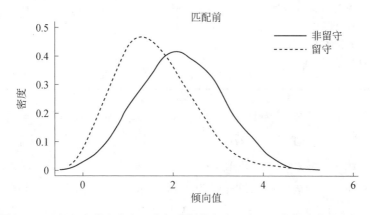

图 7-2a　父母双方外出留守儿童与农村非留守儿童匹配前倾向值分布对比

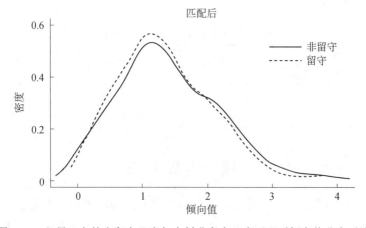

图 7-2b　父母双方外出留守儿童与农村非留守儿童匹配后倾向值分布对比

表 7-5 也说明了匹配后样本较好地通过了平衡性检验：匹配前两群体在除"父亲受教育程度""出生地点"外的所有特征上都存在显著差异，而匹配后两群体的系统性差异全部消失。

表 7-5　父母双方外出留守儿童与非留守儿童特征的平衡性检验

变量	匹配前（F 或 χ^2）	匹配后（F 或 χ^2）
儿童性别	2.82#	0.43
儿童年龄	28.93***	0.00
父亲年龄	82.41***	0.08

变量	匹配前（F 或 χ^2）	匹配后（F 或 χ^2）
母亲年龄	86.55***	0.19
父亲受教育程度	5.93	1.00
母亲受教育程度	6.98#	1.83
家庭 0～15 岁儿童数	24.68***	0.14
儿童出生地点	2.60	0.23
地区	85.34***	0.67

利用匹配后样本（N=782）分析农民工流动对留守儿童认知能力的影响效应。从效应值 ATT 值可以看出（表 7-6），留守儿童与农村非留守儿童的认知能力差异并不显著，这一结论适用于语文、数学和英语认知能力。这说明，即使考虑到父母双方都外出这一最为不利的情境，农民工流动对留守儿童认知发展影响的综合效应也并不显著。假设 1 "对于留守儿童的认知发展而言，父母外出的净效应为负"并没有得到支持。

表 7-6 父母双方外出对子女认知能力的影响效应

认知能力	留守儿童（均值）	农村非留守儿童（均值）	ATT
语文认知能力	96.21	96.89	−0.67（1.02）
数学认知能力	96.92	96.36	0.56（1.03）
英语认知能力	95.05	95.58	−0.53（1.72）

六、父母外出的积极与消极影响

需要说明的是，上述发现仅仅说明了农民工流动对留守儿童认知能力的综合影响效应没有达到显著性水平，并不能说明农民工流动对留守儿童的认知发展没有影响。更为可能的是，农民工流动对留守儿童的认知发展既有积极的效应，又有消极的影响，两种方向相反的效应相互抵消，从而最终表现出综合效应的不显著。

事实上，调查也发现了父母外出务工经商同时存在的积极与消极作用。对家庭而言，积极的一面是，父母外出工作改善了家庭的经济状况。在 840 个有效被访看护人中，86.8%的人认为父母外出工作提高了家庭的经济收入，有12.4%的人认为父母外出前后家庭的经济状况没有变化，仅有不到 1%的人认为父母外出工作降低了家庭的经济收入（表 7-7）。可见，大多数农民工认为，外出务工经商提高了家庭的收入。

表 7-7　父母外出工作对家庭经济状况的影响

影响程度	频率	百分比/%
很大提高	150	17.9
有所提高	579	68.9
没有变化	104	12.4
稍微降低	7	0.8
降低很多	0	0.0
合计	840	100.0

调查通过询问"孩子的父母外出给家庭造成的最大困难是什么？"，考察了父母外出可能对家庭造成的消极影响。结果发现，这些列举的困难中与孩子有关的事项（辅导孩子学习、监督孩子及与孩子情感交流）占 81.5%，认为父母外出加重了家庭其他成员劳动负担（农活与家务劳动）的占 15.8%（表7-8）。

表 7-8　父母外出工作对家庭造成的最大困难

项目	频率	百分比/%
辅导孩子学习	297	36.6
监督孩子	338	41.6
与孩子情感交流	27	3.3
经济收入	21	2.6
家务劳动	27	3.3
农活	101	12.5
合计	811	100

注：由于四舍五入的原因，百分比加总后可能不为 100%。

父母外出工作对家庭正负两方面的效应肯定会以某种方式作用于子女的成长发展，从而对其认知发展起到促进或阻碍的作用。

调查还直接询问了被访看护人关于"父母外出工作对孩子总体影响"的看法，结果发现，38.6%的人认为父母外出工作对子女的影响"总的来说有利"，约三分之一的人认为"几乎没有影响"，有近四分之一的人认为"总的来说有害"，可见，被访者关于"父母外出工作对子女总体影响"的看法很不一致（表7-9）。

表 7-9　父母外出工作对孩子的总体影响

影响程度	频率	百分比/%
总的来说有利	323	38.6
几乎没有影响	287	34.3
总的来说有害	227	27.1
合计	836	100.0

另外，为进一步考察父母外出工作对孩子的影响，调查还直接询问了被访者"父母外出工作给孩子带来的主要好处与主要坏处"。结果发现，绝大部分（95.2%）被访者认为，父母外出工作改善了家庭的经济条件，提高了孩子的生活质量，增加了子女的教育投资；少部分（4.2%）被访者认为，父母外出增强了孩子独立的性格（表 7-10）。

表 7-10　父母外出工作对孩子的主要好处

好处	频率	百分比/%
家庭经济状况提高	266	41.2
教育投资增多	249	38.5
孩子的生活质量提高	100	15.5
孩子独立性增强	27	4.2
其他	4	0.6
合计	646	100.0

有 56.1%的被访者认为父母外出对孩子的最主要坏处为"亲情缺失"。另外，回答"缺乏学业监督"的比例为 16.3%，"缺乏生活照顾"的比例为 11.3%，"缺乏行为监管"的比例为 10.3%，"对人格发展不利"的比例为 6.0%（表 7-11）。

表 7-11　父母外出工作对孩子的主要坏处

坏处	频率	百分比/%
亲情缺失	353	56.1
缺乏学业监督	102	16.3
缺乏生活照顾	71	11.3
对人格发展不利	38	6.0
缺乏行为监管	65	10.3
合计	630	100.0

综合父母外出对家庭及子女影响的描述性统计分析，可以看出，与先前的判断一致：父母外出工作对子女认知发展影响的积极与消极效应同时存在，它既通过提高家庭收入、增加教育投资、增强子女独立性等方式发生作用，也以亲情缺失、监督缺乏为代价对冲着正向的影响，最终结果是呈现出并不显著的综合效应。

第三节　总结与讨论

本章首先在宽泛的意义上，将父母之一外出务工经商的农村户籍儿童看作留守儿童；然后通过倾向值匹配方法，在农村非留守儿童样本中寻找留守儿童的理想"反事实"，进行样本匹配；接着，利用匹配后的"留守—非留守"样本计算父母外出对留守儿童认知发展影响的效应，由于两类儿童在除父母外出之外的其他特征上具有较好的一致性，所以，匹配后样本中两群体认知水平的差异只能归因于父母的外出；最后发现，留守与农村非留守儿童的认知水平并无显著性差异，即父母外出并没有对留守儿童的认知发展产生显著影响。假设 1 没有得到支持。

为进行更为深入的分析，本书又在更严格的意义上，将父母双方外出工作的农村户籍儿童视为留守儿童，并采用同样的方法步骤匹配样本，求两群体认知能力分值的均值差，但仍然没有发现父母外出对留守儿童的认知发展产生显著的效应。这一发现，不同于大多数已有研究的结论。

需要说明的是，研究结论父母外出务工经商对留守儿童的认知发展没有显著影响，并非是指父母外出对留守子女的认知发展没有影响。事实上，调查发现了同时存在着两种相反方向的影响力：父母外出工作改善了家庭的经济条件，提高了子女的生活质量，增加了子女的教育投资，增强了子女的独立性，同时也使亲情缺失、学业监督指导、行为监管缺乏。可能是这两种相反方向的影响力相互抵消，使父母外出工作对留守子女认知发展影响的综合效应表现为不显著。

这一结论也可以理解为，在现阶段的中国，整体上看，农民工乡城流动对留守在家的未成年子女认知发展正负两方面的效应表现出暂时的平衡状态。需要我们进一步探究的是，这种平衡状态将在什么状况下被打破，又将被怎样打破，是积极影响占据优势，还是消极影响占据上风。如果外出父母的受教育程度明显高于看护人受教育程度的话，指导质量的明显降低是否无法用经济资源弥补？如果留守地的学校质量足够好，是否可以更大程度地抵消父母缺失造成的消极影响？回答这些问题，能够为针对性干预措施的实施提供依据。

第八章 跟随父母的乡城迁移对流动儿童认知发展的影响

第一节 随迁对儿童认知发展的影响：争论与讨论

一、国外研究：流动导致儿童学业不佳

国外关于流动[①]对教育机会、学业成绩影响的文献多认为频繁的流动会造成学龄儿童学业表现不佳，具体表现为辍学率高、留级可能性大、学习成绩差等（Coleman，1990；Wood et al.，1993；United States General Accounting Office，1994；Kerbow，1996；Biernat and Jax，1999）。这种不利影响也表现在移民家庭的儿童身上，Hernandez 等（2012）关于美国移民家庭儿童的研究发现，相比本地居民家庭儿童，移民家庭儿童的福祉在 7 个指标上处境不利：较低的医疗保险覆盖面、阅读与数学成绩差、较低的学前入园率、较低的高中毕业率、较低的家庭收入与较高的贫困率。欧洲的调查也有类似的发现，PISA2003 数据表明，从整体上看，欧洲国家移民家庭 15 岁儿童的阅读、数学及科学素养相对较差（OECD，2006）；Heckmann（2008）的报告声称，移民家庭的学生在不同类型学校的入学率、教育时间、学业成绩、文凭获得等

[①] 这里的流动指各种非升学原因引起的学校变更，即"转校"。跟随父母迁移会引起学校的变化，在流入地或留守地也有变换学校的可能，因此，其含义与"流动儿童""农民工流动"中的"流动"并不完全一致。

方面都落后于本地居民学生。

流动对学龄儿童产生负面影响的机制为：儿童从一个环境迁移到另一个环境，学业内容的连续性中断，师生关系、同辈群体关系中断，传统的支持资源极大地消减，新关系网的建立又需要时间，而新学校可能因为缺乏对转入学生的了解在分班等针对性教育上应对不当，这些都会影响儿童的学业表现（Coleman，1990；Biernat and Jax，1999）。特别是对于家庭社会经济地位低、年龄小或年级低者而言，克服这种负面影响更为不易（Alexander et al.，1996）。还有，儿童在流入地受教育过程中还可能遭遇严重的制度性障碍，这也不利于认知发展、学业表现（Green，2003）。

上述关于流动对学业表现消极影响的结论建立在流动学生与本地居民学生比较的基础之上，但问题在于，流动并非随机进行的，流动家庭与本地居民家庭间可能存在着如社会经济地位等方面的系统性差异，因此，通过流动学生与本地居民学生比较得到的流动与成绩间表面的关系可能并非由流动造成的，而是流动之前就存在着的差异。Tucker 等（1998）的研究在控制了社会经济地位等混淆变量后发现，流动对儿童学习的影响因家庭结构而不同，与亲生父母一起进行的流动即使较为频繁，对儿童的学习也无明显的负面影响，而其他家庭结构中，即使流动较少，也会对儿童学业表现产生不利影响，背后的逻辑为双亲家庭有更多消减因流动产生的负面影响的社会资本。另一些研究则在控制了诸多混淆变量后，仍发现流动对教育机会、学业成绩具有负向效应（Rumberger and Larson，1998）。

二、国内研究：结论不一

儿童随农民工父母从农村到城镇的中国式"流动"，不同于儿童随父母进行的跨国移民，也有别于国外内部儿童跟随父母的人口迁移。对儿童而言，跨国移民、国外内部迁移与中国内部迁移的共同之处在于流动的发生导致其生活学习环境发生了变化，这种变化会带来一系列挑战，这些挑战大致可归结为两类：一是原有的社会关系（社区关系、邻居关系、师生关系、同辈群体关系等）断裂，儿童成长发展的传统支持资源减少，新社会关系的建立又需要时间；二是新环境（文化、语言、社区、邻里、学校、教材等）的适应问题。因此，中国的流动儿童也将面临其他"流动儿童"一样的遭遇，一些实证研究提供了相关证据：一方面，与正常儿童相比，流动儿童的学前入园率低、失学率高、延迟入学率高、超龄问题严重、童工问题突出（中国儿童中心，2005；段成荣和梁宏，2005；Lu，2007；Liang et al.，2008）；另一方面，由于流动一定程度上中断、延误了流动儿童的学业，影响了学习进度，导致进入学校的流动儿童成绩滑坡、学习成就差、辍学率高（段成荣和梁宏，2005；谢建社等，2011；张绘等，2011）。

对儿童发展而言，由于中国存在着以户籍为依据的城乡二元社会结构限制，跟随农民工父母从农村到城镇的流动有着明显不同于跨国移民、国外内部迁移的意义。

一方面是消极的影响。流动儿童就读于打工子弟学校或民办学校的比例高（中国儿童中心，2005；谢建社等，2011）。其背后的逻辑是，城市的公立学校不能满足流动儿童的入学需要，越是大型城市，矛盾越突出（段成荣和梁宏，2005；Lu，2007）；有些公办学校向就读的流动儿童收取"赞助费""借读费"，除收费不平等外，就学过程中流动儿童遭受学校、老师、同学歧视或不平等对待的情况也较多，再加上部分农民工流动性大，工作不稳定，居住不固定，其子女频繁择校，被迫就近选择费用较低、相对散漫的打工子弟学校或其他民办学校（江立华和鲁小彬，2006；谢建社等，2011）。相比公办学校，打工子弟学校或其他民办学校往往在稳定性、师资质量、硬件设施、教学管理上落后，对流动儿童的认知发展、学业表现产生不利影响。

另一方面则是积极的意义。中国城乡差异明显并有扩大趋势，这既体现在城乡居民收入差距逐渐加大，也表现于义务教育生均投入的城乡差异（沈百福，2004）。居民收入分化严重，导致了农村大量精壮劳动力进城，造成了"农村的虚空化"（严海蓉，2005）；义务教育投入差距明显，导致城乡学校教育质量的巨大差异。这样，对于儿童的认知发展，从农村到城镇的流动，意味着由贫乏到丰富环境的转换，由劣质教育资源到优质教育资源的过渡[①]，而且流动本身就有"见多识广"的作用。从此意义上讲，跟随农民工父母从农村到城镇的流动对儿童的认知发展具有正向影响。

申继亮和王兴华（2007）选择儿童的创造性思维发展作为其认知发展水平的指标，对流动儿童、城市儿童与农村儿童三群体进行比较分析，发现流

---

① 2002 年全国九城市流动儿童状况调查显示，81%的流动儿童在公立学校上学。

动儿童与城市儿童的整体创造性思维无明显差异，但均显著高于农村儿童；短期流动儿童的得分明显低于中长期流动的儿童，而后两者的得分没有显著差异，由此得出随着流动时间的增长，流动确实在一定程度促进了儿童创造性思维发展的结论，并把流动发挥积极效应归因于流动后家庭经济收入的提高、教育环境的改善及个体智力的发展。Xu 和 Xie（2015）的研究也得出了相同的结论——整体上看，乡城流动对流动儿童的成长发展有益。

综上所述，流动对儿童认知发展与学业成绩的影响仍然遵循着辩证法则，综合效应大小的判断并非易事。不过，可以肯定的是，仅仅以城镇本地儿童作为参照群体，所得结论并不能完全归结为流动的效应，这是因为流动儿童与城镇本地儿童间可能在流动之前就存在着系统性差异，其本质可能源于城市与农村教育、文化的差异。这样，要厘清流动对流动儿童的影响效应，还要以迁出地儿童作为参照群体，进行系统的组合比较。当然，对流动效应正负的分析并非研究的终结，本书还要以此为基础探讨乡城流动的认知发展效应与阶层再生产或社会流动的关系。

第二节　跟随父母的乡城流动能促进儿童的认知发展吗

跟随父母的乡城流动能促进儿童的认知发展吗？为回答这一问题，本部分将研究的视角放在"流动儿童—农村非留守儿童""流动儿童—留守儿童"的比较上。仍采用倾向值匹配的方法，在生活于农村的儿童中寻找流动儿童理想的"反事实"，分析流动的净效应。主要步骤有：建立流动选择性模型、利用倾向性分值匹配样本、平衡性检验、影响效应分析。

一、流动儿童与农村非留守儿童

采用与留守儿童相同的策略分析农民工流动对流动儿童认知发展的影响效应。分析过程为：首先建立流动选择性模型，计算流动的倾向性分值；之后进行样本匹配，并对匹配的样本进行平衡性检验；最后利用匹配后样本分析流动对认知发展的影响效应（ATT）。

（一）建立流动选择性模型

为建立流动选择性模型,本书选取了个人、家庭与地区三个层次的变量。其中,个人与家庭层次变量的选取与留守选择性模型建立时的选取一致。个人层次变量包含儿童性别与儿童年龄,家庭层次变量有父亲年龄、母亲年龄、父亲受教育程度、母亲受教育程度、家庭中 0～15 岁儿童的数量与儿童的出生地点（测量家庭的社会经济地位）。留守选择模型中为考察地区差异影响的地区变量取值为东部农村、中部农村和西部农村。与此不同的是,流动选择模型的分析对象为流动儿童与农村非留守儿童,调查实施时此两个群体分别处于城市与农村,其出生地既可能为农村,也可能是城镇/城市,因此使用了不同取值的地区变量（以农业为主的农村、以工商业为主的农村、城镇/城市）。

以二分变量"是否流动儿童"（流动儿童=1,农村非留守儿童=0）作为因变量,上述三个层次的变量作为自变量,拟合 logit 模型（表 8-1）。结果发现,出生地为经济较为发达的农村或出生地为城镇/城市的儿童有更高流动的可能性;家庭中 0～15 岁儿童越少,则儿童流动的可能性越大;母亲的受教育程度越高,儿童流动的可能性越大。另外,相比女孩,男孩更可能流动;母亲年龄越大的儿童,流动的可能性越小。模型的虚拟 R^2 为 10.6%,可以判断该模型的拟合效果较好,选择的变量一定程度上能够预测儿童的流动倾向。

表 8-1　预测流动倾向值的 logit 模型（流动儿童—农村非留守儿童）

变量	系数
儿童性别（男=1）	0.22（0.10）*
儿童年龄	−0.01（0.02）
父亲年龄	−0.02（0.01）
母亲年龄	−0.04（0.01）*
父亲受教育程度（参照组：小学及以下）	
初中	−0.22（0.13）#
高中及相当	−0.07（0.17）
大学及以上	−0.12（0.31）

续表

变量	系数
母亲受教育程度（参照组：小学及以下）	
初中	0.24（0.12）*
高中及相当	0.02（0.18）
大学及以上	-0.80（0.37）*
家庭 0~15 岁儿童数	-0.17（0.06）**
儿童出生地点（医院=1）	-0.06（0.14）
地区（参照组：以农业为主的农村）	
以工商业为主的农村	1.03（0.18）***
城镇/城市	1.79（0.13）***
截距	0.78（0.42）#
N	2620
Log likelihood	-1334.04***
虚拟 R^2	10.6%

（二）利用倾向值匹配样本并对匹配后的样本进行平衡性检验

采用卡尺范围内最近邻匹配方法进行样本匹配。流动儿童与农村非留守儿童匹配前倾向值概率密度分布对比表明，两群体有较大的共同支持域，满足了倾向值匹配的前提条件（图 8-1a）。从匹配后倾向值概率密度分布看，流动儿童与农村非留守儿童的概率密度分布基本一致（图 8-1b），这表明样本匹配较好地平衡了两群体的特征。

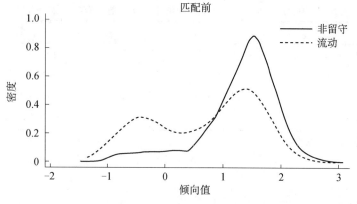

图 8-1a　流动儿童与农村非留守儿童匹配前倾向值分布对比

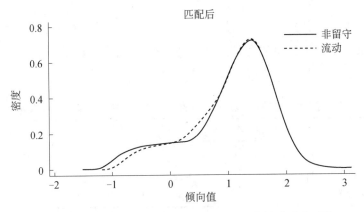

图 8-1b　流动儿童与农村非留守儿童匹配后倾向值分布对比

通过方差分析和卡方检验对匹配前后流动儿童与农村非留守儿童在个人、家庭与地区层次方面的特征进行平衡性检验也得出了一致的结论。匹配之前，两群体在除儿童性别之外的其余所有变量上都存在显著性差异；匹配之后，两群体在所有变量上都不存在显著性差异，这说明匹配后样本较好地通过了平衡性检验，可以应用此样本进行了后续分析（表 8-2）。

表 8-2　流动儿童与农村非留守儿童特征的平衡性检验

变量	匹配前（F 或 χ^2）	匹配后（F 或 χ^2）
儿童性别	1.14	1.48
儿童年龄	49.39***	0.83
父亲年龄	48.96***	0.20
母亲年龄	60.73***	0.23
父亲受教育程度	19.69***	1.06
母亲受教育程度	21.99***	3.58
家庭 0～15 岁儿童数	3.17#	1.06
儿童出生地点	7.42**	2.52
地区	310.42***	4.42

（三）影响效应分析

依据匹配后样本（$N=1586$）分析发现，流动儿童与农村非留守儿童的认知能力存在显著差异。具体而言，流动儿童的语文认知能力平均比农村非留守儿童高 2.22 分，数学认知能力平均高 1.87 分，英语认知能力平均高 2.05 分，且分别达到了 0.01、0.01、0.1 的显著性水平（表 8-3）。这说明，跟随父母的流动促进了儿童认知的发展，农民工迁移对流动儿童成长的综合效应在认知发展上表现出积极的意义。就三种认知能力而言，流动对语文认知的促进最大，其次为英语，最后为数学。

表8-3　农民工流动对流动儿童认知能力的影响效应（流动儿童—农村非留守儿童）

认知能力	流动儿童（均值）	农村非留守儿童（均值）	ATT
语文认知能力	102.36	100.13	2.22（0.72）**
数学认知能力	102.24	100.37	1.87（0.73）**
英语认知能力	102.39	100.33	2.05（1.10）#

　　流动儿童与农村非留守儿童相比，共同的特征为来自农村且有父母陪伴，不同之处在于流动儿童跟随父母从农村流动到城镇/城市，在控制其他可能的混淆变量情况下，两群体认知能力上表现出的差异只能归因于流动，即跟随父母的乡城流动促进了儿童的认知发展，流动的净效应为正，假设2得到支持。

二、流动儿童与留守儿童

　　流动儿童与留守儿童相比，共同特征为农村户籍，不同之处在于前者生活学习在城市且有父母陪伴，后者留守农村且亲子分离。因此，在控制混淆变量的情况下，两群体认知能力的差异不但反映了由农民工流动引发的儿童流动的效应，也表达了父母陪伴的效应。本部分将选取流动儿童与留守儿童样本，通过匹配样本的方式，在留守儿童中寻找流动儿童的"反事实"，比较认知能力的差异，进一步分析农民工流动对流动儿童认知发展的影响效应。仍采用先建立流动选择性模型，再匹配样本，平衡性检验，最后利用匹配后样本计算平均处理效应的分析策略。

（一）建立流动选择性模型

　　纳入logit模型的自变量与"流动儿童—农村非留守儿童"选择性模型分析时完全一致，二分因变量"是否流动儿童"的取值变为"流动儿童=1，留守儿童=0"。分析发现（表8-4），与留守儿童相比，出生地为经济较为发达的农村，或出生地为城镇/城市的儿童当前处于流动状态的可能性更高；家庭中0～15岁子女越少，则儿童流动的可能性越大；母亲的受教育程度越高，儿童流动的可能性越大，这些发现与"流动儿童—农村非留守儿童"基本一致。不同之处在于，分析没有发现儿童性别的显著性效应，也没有发现母亲年龄的显著效应，而发现了父亲年龄的显著影响，即相比年轻的父亲，年龄大些的父亲更倾向于采取将未成年子女带在身边的迁移策略。

表 8-4 预测流动倾向值的 logit 模型（流动儿童—留守儿童）

变量	系数
儿童性别（男=1）	0.04（0.11）
儿童年龄	0.02（0.02）
父亲年龄	0.03（0.02）#
母亲年龄	−0.03（0.02）
父亲受教育程度（参照组：小学及以下）	
初中	0.01（0.15）
高中及相当	0.12（0.20）
大学及以上	0.58（0.47）
母亲受教育程度（参照组：小学及以下）	
初中	0.11（0.14）
高中及相当	0.55（0.23）*
大学及以上	−0.18（0.49）
家庭 0～15 岁儿童数	−0.40（0.07）***
儿童出生地点（医院=1）	0.28（0.15）#
地区（参照组：以农业为主的农村）	
以工商业为主的农村	1.98（0.29）***
城镇/城市	1.78（0.16）***
截距	−0.69（0.47）
N	1820
Log likelihood	−938.21***
虚拟 R^2	13.1%

模型的虚拟 R^2 为 13.1%，拟合效果好，这也说明所选择的变量能够较好地预测儿童的流动倾向。

（二）利用倾向值匹配样本并进行平衡性检验

采用卡尺范围内最近邻匹配方法进行样本匹配。流动儿童与留守儿童匹配前倾向值概率密度分布对比表明，两群体共同支持域较为理想，基本可满足倾向值匹配的前提条件（图 8-2a）。匹配后样本中流动儿童与留守儿童的概率密度分布的一致性（图 8-2b），则表明了两群体在重要特征上的相似性。

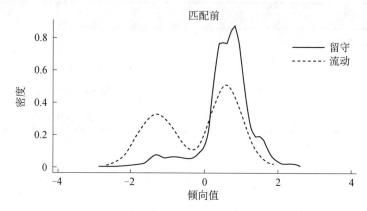

图 8-2a　流动儿童与留守儿童匹配前倾向值分布对比

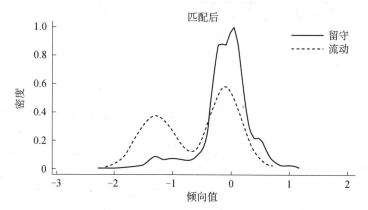

图 8-2b　流动儿童与留守儿童匹配后倾向值分布对比

平衡性检验也表明匹配样本在控制混淆变量上的突出优势。匹配之前，流动儿童与留守儿童群体在儿童年龄、父亲受教育程度、母亲受教育程度、家庭 0～15 岁儿童数、儿童出生地点、地区变量上存在显著差异；匹配之后，两群体在这些变量上的显著差异消失，并且在所有的纳入选择性模型的变量上都不存在显著性差异（表 8-5），这表明通过样本匹配，实现了控制重要混淆变量的目的。

表 8-5　流动儿童与留守儿童特征的平衡性检验

变量	匹配前（F 或 χ^2）	匹配后（F 或 χ^2）
儿童性别	0.00	0.47
儿童年龄	3.12#	0.13
父亲年龄	1.09	0.31
母亲年龄	0.04	0.95
父亲受教育程度	37.04***	0.20
母亲受教育程度	35.15***	1.93
家庭 0～15 岁儿童数	34.58***	0.30
儿童出生地点	16.95***	0.36
地区	249.17***	2.47

（三）影响效应分析

依据匹配后样本（$N=1256$）进行分析发现，流动儿童与留守儿童的认知能力存在显著差异。具体而言，流动儿童的语文认知能力平均比留守儿童高5.08 分，数学认知能力平均高 4.36 分，英语认知能力平均高 6.51 分，且均达到了 0.001 的显著性水平（表 8-6）。这表明，相比留守在家，跟随父母的乡城流动更有利于儿童的认知发展。就三种认知能力而言，跟随父母的乡城流动对儿童英语认知的促进最大，其次为语文，最后为数学。

表 8-6　农民工流动对流动儿童认知能力的影响效应（流动儿童—留守儿童）

认知能力	流动儿童（均值）	留守儿童（均值）	ATT
语文认知能力	101.73	96.65	5.08（0.78）***
数学认知能力	101.12	96.76	4.36（0.82）***
英语认知能力	101.75	95.24	6.51（1.20）***

流动儿童与留守儿童相比，有两个重要的特征差异：父母陪伴与从农村到城镇的流动。因此，匹配样本后两群体在认知能力上的差异，主要可以归因于这两个因素，但这两个因素均由农民工流动引起，不带子女的流动造成了亲子分离、子女的留守；子女跟随的流动，产生了流动儿童。两种不同的迁移方式，对儿童的认知发展可能有着不同甚至相反的效果，最终导致流动儿童与留守儿童在认知能力上的巨大差异。这一结论，也可看作对假设 2 的支持。

第三节　认知发展的阶层限制

　　利用匹配后的"流动—非留守""流动—留守"样本分析流动的净效应，发现了随父母的乡城流动能够促进儿童的认知发展。也就是说，从农村到城市的流动，对儿童的认知发展而言利大于弊。从此意义上讲，对农民工而言，从子女认知发展角度来讲，家庭式迁移应该是最理想的一种流动方式。特别是当户籍地与流入地经济、学校教育差距较大时，乡城流动对儿童认知发展的促进作用可能更为明显。

　　然而，乡城流动在多大程度上促进了儿童的认知发展呢？或者，流动对认知发展促进的特征是什么？是短距离的变动，还是大幅度提高？更进一步的问题是，这种促进作用能否打破阶层的限制从而对农民工子女阶层地位的改变起到实质性作用呢？单因素方差分析结果（表6-19、表6-20、表6-21）显示，从整体上来看，流动儿童与城市本地儿童的认知水平存在显著差异，流动儿童的语文、数学认知水平都显著低于城市本地儿童。当然，造成这种差异的原因可能是多方面的（从后文认知获得的影响因素回归分析看，两者的认知水平差异主要归因于家庭社经地位、就读学校质量的不同）。但不管造成差异的原因是什么，流动儿童的认知水平显著低于城市本地儿童的事实都清楚地表明了流动的促进作用并没有达到破除认知差异的效果。也就是说，相比较生活于农村的儿童，从乡到城的迁移，促进了流动儿童认知水平的显著提高，当然这种对认知发展的助益有利于儿童向上社会流动的实现，但是，面对明显低于城市各阶层儿童认知测试分数的事实，我们不得不承认的是，这种促进作用的短距离性与有限性。而乡城流动未能显现出更大作用的原因在于家庭背景等阶层性因素（第九章有较为详细的阶层对儿童认知发展影响的分析），这样，阶层限制下的认知发展假设得到支持。

第四节　总结与讨论

跟随父母的乡城流动促进了儿童的认知发展，虽然这种促进仍然表现出短距离变动的特征，但相比生活在农村的儿童，流动儿童的认知优势已非常明显。从此意义上讲，家庭式流动最应该得到推广。然而，现实是，至 2013 年，举家外出农民工仅占全部外出农民工的 21.2%（表 1-1）。显然，大部分将子女留在户籍地的农民工并非不愿意举家迁移，事实是由于城市工作生活的诸多障碍，如工作收入低、住房条件差、工作忙碌且工作时间太长、所在城市对外来人员子女的就学设置重重困难、考试升学限制等，大部分农民工才不得已采取亲子分离的流动模式。这样看来，是否让子女随迁不仅仅是"想不想"的思想认识问题，更是"能不能"的农民工家庭经济实力问题，以及流入地对待外来人员的政策制度问题。

乡城流动促进了儿童的认知发展，为流动儿童向上流动的实现奠定了认知基础。这是一个好的开始，但绝非等同于向上流动的实现。这是因为：首先，本书的对象为 3～15 岁儿童，即对于这个年龄段的儿童来说，乡城流动促进了他们认知水平的提高；但这一儿童群体并非定居城市，事实上，很多儿童总是在"流动"与"留守"间变动，生活学习变动不居，这可能对其认知发展带来不可预知的影响。其次，相比城市儿童，流动儿童的认知水平整体上仍处于明显的劣势，这也说明，乡城流动通过改变整体的文化环境、社区和学校条件等给流动儿童所带来的认知水平的提高仍然是有限的。相比城市儿童，这类儿童的认知发展仍然受到了自身的社会阶层条件的限制。还有，由于歧视性制度环境的存在，流动儿童在城市中将面临诸多挑战，就地高考权利的缺失就是明显的标志。无法在流入城市高考使流动儿童及家庭面临艰难选择，要么辍学，要么回老家上高中，要么继续在城市就读，但只能参加职业学校的考试录取。辍学显然是最差的选择。回户籍所在地就读高中是最常见的选择，但这也意味着，要面临亲子分离、学校质量降低、教材变换等诸多困难。参加中高等职业学校的考试录取是一条向上的流动渠道，但无法回避的事实是，职业教育的声望并不高，也只是因为生源不足才向这一群体开放。

　　总之，对流动儿童而言，虽然乡城流动促进了其认知发展，但却要面对如此多的不利结构性因素的约束。最终结果是在已有优势的基础上，克服重重制度的阻碍，继续进步，实现向上流动，还是受种种制度性因素的阻滞，耗损已建立的认知优势，最终导致阶层再生产，一切都还未定。

第九章 认知获得的影响因素分析

前文描述了留守、农村非留守、流动与城市本地儿童的认知水平差异及乡城流动对留守与流动儿童的影响效应，发现了农民工外出务工经商对留守在家的未成年子女的认知发展并没有显著的影响，而跟随农民工父母的乡城迁移则能够促进流动儿童的认知发展。本部分将利用回归模型，分别从学前、学龄两个阶段分析儿童认知获得的影响因素，并以此为基础比较影响认知发展的重要因素在 4 类儿童群体中的分布状况，探究不同类型儿童认知差异特别是留守儿童认知劣势与流动儿童认知优势的原因及农民工流动对子女认知发展的作用机制。

第一节 分析基础：社会生态系统理论

美国心理学家布朗芬布伦纳（1989）提出生态学系统理论深入阐述了不同类型环境与儿童发展的关系。该理论将儿童生活于其中的环境看作一种社会生态系统，这一系统由近及远分别为：微系统、中间系统、外部系统与宏系统。微系统是个体直接面对、接触的人或物，如家庭、学校等；中间系统指微系统间的互动关系，如儿童家庭与就读学校的关系；外部系统是中间系统的延伸，指能间接影响儿童发展的其他社会组织，如家长的工作单位等；

宏系统则指更广泛的意识形态，如文化、制度等。宏系统属于远端环境，其对儿童发展的影响往往通过作用于近端环境而实现。

根据社会生态系统理论的观点，本书将考察儿童成长发展的生态系统对其认知发展的影响，这些生态系统有：家庭、学校、社区、同辈群体、地区、城乡，并比较这些因素在学前与学龄阶段对认知发展影响的稳定性与变化性。当然，我们特别关注的是农民工子女成长发展的生态系统对其认知水平的影响。具体而言，本部分将探寻留守儿童认知水平劣势的阶层限制因素，流动儿童认知水平高于农村儿童的促进因素，以及流动儿童的认知水平低于城市本地儿童的阶层限制因素。本书认为，回答了这些问题，也就在乡城流动效应的基础上解答了流动之于儿童认知发展的影响机制问题。

第二节　学前儿童的认知获得

学前阶段回归模型的因变量为语文与数学认知水平。模型中纳入的自变量包括个人层次变量"儿童性别"与"儿童年龄"；家庭层次变量有测量家庭文化资本的"父亲受教育程度""母亲受教育程度"和"儿童藏书量"，测量家庭经济资本的"家庭经济状况"，测量家庭社会资本的"父亲职业"，还有测量家庭结构的"家庭0～15岁儿童数量"（该变量也部分表征了儿童的同辈群体状况）；学校层次变量为"是否入读幼儿园"；社区层次变量为"社区总体状况"；区域层次变量包括"地区"与"城乡"。语文认知回归模型的 R^2 为16.7%，数学认知回归模型的 R^2 为12.9%，都是较大的值，说明所选择自变量的预测效果较好。

表 9-1 显示，对学前儿童语文与数学认知发展均具有显著影响的变量有母亲受教育程度、家庭0～15岁儿童数量、是否入园、地区与城乡。在其他条件相同的情况下，母亲的受教育程度越高，子女的认知水平越高，母亲的受教育水平为大学及以上的儿童的语文认知分数平均比母亲的受教育水平为小学及以下者高7.42分，数学高6.25分，这说明了家庭文化资本对儿童发展的作用，也表明作为与儿童接触最频繁的人，母亲在年幼子女成长过程中扮演着关键角色。在其他条件相同的情况下，家庭中0～15岁儿童越多，越不

利于儿童认知的发展，具体而言，家庭中每多一个 0~15 岁儿童，儿童的语文认知分数平均减少 1.74 分，数学认知分数平均减少 1.48 分，可以看出，一定资源条件下，多子女的资源稀释效应。在其他条件相同的情况下，入园儿童的语文认知分数比不入园者平均高 5.61 分，数学认知分数高 4.34 分，可见学前教育对认知发展的重要性。认知能力也表现出明显的地区与城乡差异，西部地区儿童的认知分数显著低于中部、东部地区的儿童；农村儿童的认知分数显著低于城市儿童，在语文与数学认知上平均低的分数分别为 2.87 分与 2.05 分。

表 9-1　学前儿童认知获得的回归分析（非标准化回归系数）

自变量	语文认知 (N=1553)	数学认知 (N=1553)
儿童性别（男=1）	0.607	−0.250
儿童年龄	−1.833***	−1.545***
父亲受教育程度（参照组：小学及以下）		
初中	0.147	0.900
高中及相当	0.413	0.571
大学及以上	0.0527	−1.361
母亲受教育程度（参照组：小学及以下）		
初中	2.500*	2.158*
高中及相当	5.375***	3.734**
大学及以上	7.424***	6.246**
儿童藏书量（参照组：0~9 本）		
10~19 本	1.611	1.795
20~49 本	2.814*	2.131
50 本及以上	6.014***	3.441
经济状况（参照组：差）		
一般	1.026	1.389
好	1.636	1.337
父亲职业（参照组：农民）		
工人	−1.346	1.051
个体经营者	0.0265	2.270
管理人员/专业技术人员	−0.00751	4.081*
家庭 0~15 岁儿童数	−1.736***	−1.481**
是否入园（是=1）	5.606***	4.338***

续表

自变量	语文认知 （N=1553）	数学认知 （N=1553）
社区状况（参照组：差）		
一般	−1.073	1.298
好	−1.431	1.233
地区（参照组：东部）		
中部	−0.785	0.898
西部	−2.211*	−2.273*
城乡（农村=1）	−2.866***	−2.045*
常数项	111.3***	104.7***
R^2	0.167	0.129

　　需要说明的是，年龄对学前儿童语文与数学认知的影响都达到了十分显著的水平，但显然，随着年龄的增加，学前儿童的语文与数学认知水平逐步下降的结论很难让人接受，造成这种状况的原因可能在于本书采用的以年龄为基础的标准化分数对大年龄儿童的认知评估造成的不公。这提醒我们有进一步细化标准分数的必要，同时对年龄有关变量的使用要始终保持审慎的态度。不过，这一结果并不会妨碍对其他变量效应的分析。

　　模型中还有一些变量对学前儿童语文与数学认知的影响效应存在差异。儿童拥有的书本数量对语文认知表现出正的显著效应，对数学认知虽有正向影响，但并不显著。父亲为农民的学前儿童的数学认知分数最低，工人子女其次，个体经营者子女稍高，管理人员或专业技术人员子女最高，其中，管理人员或专业技术人员子女的数学认知分数平均比农民工子女高 4.08 分，达到了显著性水平，而父亲职业对学前子女语文认知发展的影响没有表现出显著性差异。

　　另外，儿童性别、父亲受教育程度、社区状况对学前儿童的语文与数学认知影响均没有达到显著性水平，家庭经济资本对学前儿童的语文与数学认知有积极影响，但并不显著。

第三节　学龄儿童的认知获得

　　为增强可比性，学龄阶段回归模型中纳入的自变量基本与学前阶段一致，涵盖了个人、家庭、同辈群体、学校与区域各个层次。不同之处在于，为突出学龄阶段的特点用个人层次变量"年级"代替了与之高度相关的"儿童年龄"；增加了测量同辈群体的"好朋友数"变量；特别是增加了"学校设施状况"与"学校教学管理质量"变量，以考察学校相关因素对认知能力的影响；增加的"家庭与学校互动"变量则测量了家庭的社会资本，"参加课外辅导或才艺特长班"变量测量了家庭的文化资本与经济资本。因变量除语文与数学认知水平外，增加了英语认知水平。语文认知回归模型的 R^2 为 13.8%，数学认知回归模型的 R^2 为 12.1%，英语认知回归模型的 R^2 为 17.8%，R^2 均足够大，说明模型的预测效果较好。

表 9-2 为学龄儿童认知获得的回归分析。结果显示，对学龄儿童的语文、数学与英语认知都具有显著影响的变量有母亲受教育程度、家庭经济状况、学校教学管理质量、所在地区与城市/乡村。具体而言，母亲受教育程度越高，学龄儿童的语文、数学与英语认知测验得分越高；家庭经济状况越好，儿童的认知分数越高；就读学校的教学管理质量越高，越有利于儿童的认知发展；农村儿童认知水平低于城市儿童；东部地区儿童的认知分数显著高于中部与西部地区的儿童，东中西部儿童认知水平表现出明显的阶梯式差异，尤其是英语认知，东部地区儿童平均比西部地区儿童高出约 6.16 分。

表 9-2　学龄儿童认知获得的回归分析（非标准化回归系数）

自变量	语文认知 （N=3176）	数学认知 （N=3176）	英语认知 （N=2242）
儿童性别（男=1）	-2.448***	0.148	-2.438***
年级	0.159	0.171	0.591***
父亲受教育程度（参照组：小学及以下）			
初中	0.345	1.672*	0.731
高中及相当	0.450	2.487**	0.552
大学及以上	0.956	2.978*	1.565
母亲受教育程度（参照组：小学及以下）			
初中	3.016***	2.305***	1.544*
高中及相当	4.204***	3.890***	3.445**
大学及以上	5.953***	3.829**	2.846
儿童藏书量（参照组：0~9 本）			
10~19 本	1.080	1.678*	0.838

自变量	语文认知（N=3176）	数学认知（N=3176）	英语认知（N=2242）
20～49 本	2.148**	2.762***	1.554
50 本及以上	1.175	1.425	1.054
经济状况（参照组：差）			
一般	3.093***	2.827***	3.633***
好	3.814***	4.006***	3.691***
父亲职业（参照组：农民）			
工人	1.458*	0.558	0.0854
个体经营者	1.718*	0.923	0.780
管理人员/专业技术人员	2.525*	2.080	0.535
家庭 0～15 岁儿童数	-1.218***	-1.160***	-0.723
参加课外辅导或才艺特长班（参加=1）	1.679**	-0.0473	1.898**
家庭与学校互动（有互动=1）	0.105	-0.153	1.357*
儿童朋友数（参照组：0 个）			
1～3 个	-0.684	-1.233	-0.216
4～6 个	-0.550	-1.705	-0.839
7 个及以上	-1.121	-2.874**	-2.455
学校设施状况（参照组：差）			
一般	0.854	0.383	2.610**
好	0.813	0.523	3.117***
学校教学管理质量（参照组：差）			
一般	1.595*	0.990	0.791
好	2.266**	2.037**	2.773***
社区状况（参照组：差）			
一般	1.860	-0.0330	1.307
好	2.543*	1.106	0.289
地区（参照组：东部）			
中部	-0.934	-1.706**	-1.944*
西部	-2.636***	-2.828***	-6.155***
城乡（农村=1）	-2.374***	-2.341***	-2.506***
常数项	93.95***	95.72***	93.62***
R^2	0.138	0.121	0.178

模型中其他变量或者对语文、数学与英语认知影响的显著性状况存在差异，或者无显著性影响，具体为：

在个人层次变量上，学龄女孩的语文与英语认知分数显著高于男孩，在数学认知上没有表现出显著的性别差异；年级越高认知水平越高，且在英语认知上差异明显。

在家庭层次变量上，除母亲受教育水平影响儿童认知发展外，父亲的受教育水平对儿童的数学认知有显著的正向效应；拥有书本的数量对儿童的语文与数学认知有显著的正向影响；父亲职业对学龄儿童的语文认知具有显著效应，管理人员或专业技术人员子女的认知分数最高，个体经营者子女次之，工人子女第三，农民子女的分数最低。家庭0～15岁儿童数量对语文与数学认知水平表现出显著的负向效应，即家庭中子女数量越多，越会影响子女语文与数学认知发展。参加课外辅导或才艺特长班有利于提高儿童的语文与英语认知水平。家庭与学校有互动，则其儿童的英语认知分数更高。

测量同辈群体状况的变量——好朋友数量对儿童的认知发展几无显著性影响，不过总体上表现出朋友数量越多，认知分数越低的趋势，这再次提醒我们，可能更应该选取能够反映同辈群体质量的变量纳入模型。学校硬件条件越好，越有利于学生的认知发展，但只是在英语认知上差异显著。生活的社区状况越好，语文认知分数越高。

第四节　学前至学龄阶段认知影响因素的稳定性与变化

综合学前与学龄阶段儿童认知获得的影响因素回归分析，可以发现，家庭背景对儿童认知发展持续发挥着巨大的效应，其中尤其以反映家庭文化资本的母亲受教育水平变量的影响最为稳定，这符合维果茨基的"最近发展区"理论，母亲成了儿童"认知发展的助推器"，其能够提供的指导帮助很大程度上决定了子女认知水平的高低。

除母亲受教育水平外，学校是另一个持续对儿童认知发展有着重要影响的因素，如果说"是否接受学前教育"造成了学前儿童认知发展的差异，那么，在普及九年制义务教育的背景下，就读的学校状况特别是教学的质量对学龄儿童的认知发展则有着更为实质性的意义。

地区与城乡对儿童认知发展的持续效应实质上反映了中国经济发展的不平衡，导致城市农村、东中西部地区间教育发展两极分化的事实。这样，地区与城乡变量对儿童认知发展的影响可能主要通过学校教育实现。

家庭结构也是对儿童认知发展持续发生影响的一个重要因素，其关系恒定地表现为家庭子女数越多，越不利于儿童的认知发展，这一结果符合"资源稀释理论"而非"互动增益理论"，即在家庭资源一定的条件下，子女数量的增多，意味着每个子女可得资源的减少，且因资源减少对认知发展的消极效应大于兄弟姐妹互动对认知的积极效应，从而在最终结果上表现为负向关系。

相比学前阶段，学龄阶段一个突出的变化是家庭经济资本对儿童认知发展的作用更为明显。可能的解释是，学前阶段子女还年幼，经济资本可以发挥作用的空间并不大；学龄阶段，经济资本运作的空间逐步扩大，更容易以资源转化的方式将经济优势转化为优质的学校教育、丰富的学习用品、好的学习环境、家教辅导、特长班等，从而促进子女能力的发展，而家庭经济资本的差异，最终导致了学龄子女能力的分化。

在总结影响儿童认知发展因素的基础上，比较不同类型儿童在这些重要因素特征上的分布状况，是解释认知差异的可行策略之一。下文将从学前与学龄两阶段分别对不同类型儿童的家庭背景与学校教育状况进行描述分析，当然，主要关注点仍然是留守儿童和流动儿童。

第五节　学前儿童的家庭背景及入幼儿园状况

学前儿童样本量为 1553 人，其中留守儿童 359 人，农村非留守儿童 621 人，流动儿童 308 人，城市本地儿童 265 人。表 9-3 显示，影响学前儿童认知发展的几个重要变量在不同儿童中表现出阶梯式差异。具体而言，留守儿童母亲的平均受教育年数最低，约为 8 年，其次为农村非留守儿童 8.37 年，再次为流动儿童 8.74 年，城市本地儿童母亲的平均受教育年数最高，为 12 年。入幼儿园比例也表现出同样的形态，有 67%的适龄留守儿童接受了或正在接受学前教育，这一比例基本与农村非留守儿童一致（69%），流动儿童的比例稍高些，但也仅为 72%，而城市本地儿童的入园比例则高达 80%。母亲的受教育水平与儿童认知能力呈正向关系，适时接受学前教育也有利于儿童的认知发展。包括留守儿童在内的农村儿童群体在这两方面的弱势，部分解释了其认知的劣势。家庭儿童数量与认知水平呈现负向关系，留守儿童家庭儿童数量最高，平均为 2 个，非留守儿童家庭平均为 1.79 个，流动儿童家庭平均为 1.64 个，城市本地儿童家庭平均为 1.32 个，家庭子女数量的这种分布形态也部分解释了认知水平的差异。

表 9-3　学前儿童的家庭背景及入幼儿园状况

项目	留守儿童	农村非留守儿童	流动儿童	城市本地儿童
母亲教育水平/年	7.98	8.37	8.74	11.89
家庭 0～15 岁儿童数/个	2.00	1.79	1.64	1.32
入幼儿园比例	0.67	0.69	0.72	0.80

第六节　学龄儿童的家庭背景及学校教育状况

学龄儿童样本量为 3176，其中留守儿童 607 人，农村非留守儿童 1416 人，流动儿童 440 人，城市本地儿童 714 人。表 9-4 中母亲受教育水平和家庭 0～15 岁儿童数量分布状况与学前儿童分布基本一致，不同之处在于留守儿童母亲的平均受教育年数 7.38，高于农村非留守儿童母亲的受教育年数 7.01，这或许说明，正是由于学龄子女正在上学的羁绊，才导致了母亲的无法外出，虽然她们拥有相对较高的受教育程度。37%的留守儿童家庭的经济状况较好，农村非留守儿童、流动儿童、城市本地儿童对应的比例分别为 48%、58%和 62%，这部分解释了儿童群体间的认知差异，也说明了家庭经济状况可能影响外出父母是否将子女带在身边的迁移决策。当然，也可能是相比于在家务农或从事其他工作，外出务工经商能够带来更高的收入。

表 9-4　学龄儿童的家庭背景及学校教育状况

项目	留守儿童	农村非留守儿童	流动儿童	城市本地儿童
母亲受教育水平/年	7.38	7.01	7.65	10.85
家庭 0~15 岁儿童数/个	1.89	1.75	1.64	1.37
家庭经济状况好的比例/%	0.37	0.48	0.58	0.62
参加课外辅导/特长班比例/%	0.10	0.19	0.27	0.44
学校设施好的比例/%	0.24	0.31	0.53	0.57
教学管理好的比例/%	0.42	0.45	0.51	0.56

不同类型儿童就读学校的设施与教学管理状况是影响儿童认知发展的重要因素，优质的学校教育能够促进儿童的认知发展。本书通过儿童就读的学校是否有"操场""图书馆""体育馆""计算机房"和"科学实验室"来判断学校硬件设施状况，配有 4 种及以上上述设施的学校被归为"好"，配有 2~3 种上述设施的学校被归为"一般"，没有或仅有 1 种上述设施的学校被归为"差"；对教学管理的测量则采用李克特量表的方式要求被访者对"教学质量""教师对学生的重视""学校纪律""教师对学生的喜爱""学校对来校参观父母的态度""学校对学生父母提建议的态度""教师责任心""教师对学生的偏心""教师对学生的歧视"和"学校对学生家长的接待"10 项指标进行评价打分，之后，对被访者在每项指标上的得分进行加总并根据分数的高低将教学管理质量分为"好""一般"与"差"3 类。

结果发现，一方面，无论在学校设施还是在教学管理方面，4 类儿童群体均表现出阶梯式差异，留守儿童最为弱势。另一方面，从学校在城市还是农村的角度看，城乡之间的差异大于城市或农村内部的差异。从学校设施方面来看，53%的流动儿童就读的学校硬件设施较好，低于城市本地儿童 4 个百分点；农村内部的差异稍大，差距为 7%。但也远小于城市最低与农村最高比例的差异（53%-31%=12%）。教学管理方面也基本表现出相同的分布，51%的流动儿童就读的学校教学管理较好，低于城市本地儿童 5 个百分点；农村内部的差异稍小，差距为 3%，两者都小于城市最低与农村最高比例的差异（51%-45%=6%）。城乡之间的学校质量差异是造成儿童认知差异的重要因素，留守儿童就读的学校状况是造成其在认知领域处于劣势的重要原因，而流动儿童的乡城流动，意味着就读学校质量的提升，这有利于其认知发展。

上述分析表明，家庭与学校对儿童的认知发展至关重要，某种程度上是两者的共同作用决定了儿童的认知水平。在家庭因素中，文化资本的作用尤为重要。但需要说明的是，在家庭内部文化资本的有效传递，不仅取决于所拥有文化资本数量，也取决于用到文化资本上的可用时间（最重要的表现形式为母亲的自由时间）（布尔迪厄，1997：209）。其逻辑是家庭资源的分配总是在一定的家庭结构下进行，文化资本的传递也是如此，需要家庭中主要文化资本拥有者的在场和积极参与；拥有文化资本是前提，而只有投入一定时间参与到子女的认知活动过程之中，并进行有效的指导，才能提高子女的认知能力，实现优势的传递。对于农民工阶层而言，一方面受教育程度普遍不高，无法对子女的认知学习进行有效指导；另一方面，由于多种限制性因素的存在，更多农民工不得不把子女留在农村，交由文化程度相当甚至更低的父母或亲戚照顾，这导致他们几乎无法参与子女的认知活动过程。这样，父母的作用被弱化，子女的认知发展与学业成就更多地取决于学校教育与自身努力。这部分解释了留守儿童的认知劣势状况，同时，也暗含着积极的信息：从学校入手干预弱势阶层子女的成长发展，应该是缩小各阶层子女认知水平差距的可行并且有效的路径。

第七节　阶层性与认知发展

本书在"认知发展与社会阶层"部分，从阶层分化重要标志的家庭、学校、社区、同辈群体状况等方面梳理了所属阶层对子女认知发展影响的文献。在实证分析中将这些因素纳入回归模型，发现了儿童所属阶层与其认知发展水平的密切关系。更进一步的是，研究依据户籍与居住地将儿童进行了 4 群体划分，认知获得影响因素的分析就转化为对包括留守儿童在内的生活于农村的儿童认知水平劣势的原因探讨，以及乡城迁移对流动儿童认知发展促进机制的探讨。主要发现是：生活于农村的儿童认知水平的明显劣势应主要归因于城乡二元分化背景下学校教育、经济收入水平的巨大差距。需要说明的是，城乡差异虽非阶层分化的标志，却是影响中国儿童认知发展的近似"阶层性"的重要因素，而且，在中国，以家庭、学校等为标志的阶层分化发生的主要背景之一即城乡二元结构背景，城乡差异往往通过学校教育、家庭收入、社区环境等对儿童学业、认知产生影响。在此意义上，可将农民、部分农民工阶层的资源贫乏看作其子女认知水平弱势的主要原因。

本书关于跟随父母的乡城迁移对流动儿童认知发展影响的分析结论为，乡城迁移促进了流动儿童的认知发展，但整体上看，流动对认知发展的促进表现出短距离变动的特征，流动儿童的认知水平仍显著低于城市本地儿童。这一方面说明了认知发展会受到乡城流动等一些重要社会变迁事件的影响，另一方面也清楚地表明了乡城流动对农民工子女认知发展促进作用的有限性。那么，是什么因素削弱了乡城迁移的影响而使认知发展表现出相对的稳定性？认知获得的影响因素分析表明，家庭背景与就读学校为代表的阶层因素的限制是造成认知短距离提高的主要原因。相比城市各阶层儿童，农民工阶层子女在家庭经济资本、文化资本、家庭结构、就读学校质量等方面的明显劣势（表 9-3、表 9-4）解释了乡城流动效应对认知发展促进作用的有限性；也正是家庭资源、就读学校的差异，解释了跟随农民工父母的乡城迁移促进儿童认知发展的机制过程。

第十章 结论、讨论与进一步研究内容

本章将对研究的主要结论进行梳理，并在此基础上总结国内外为促进弱势阶层子女成长发展的研究成果及实践经验，进一步讨论促进农民工子女向上流动的现实可行路径。同时，也指出研究存在的不足，讨论进一步研究的内容与方向。

第一节 研究结论

乡城流动对农民工阶层子女认知能力的影响（影响效应与影响机制）是本书关注的核心问题。乡城流动有两方面含义，一是农民工的乡城流动，非举家迁移的农民工将未成年子女留在家乡，产生了留守儿童；二是流动儿童跟随农民工父母的乡城迁移流动。这样，本书试图解决的问题可以细分为：

1）农民工乡城流动对留守儿童认知发展影响的净效应？

2）跟随农民工父母的乡城迁移对流动儿童认知发展影响的净效应？

3）乡城流动对农民工子女认知发展的影响机制？

对第三个问题的回答需要以前两个问题的结论为基础。另外，为对问题1）2）的延伸即影响效应进一步展开分析，提出了流动效应对认知能力的提升能否突破阶层限制的问题（"乡城流动—儿童认知发展—阶层限制"的关系）作为问题3）的替代。为解答这些问题，本书通过方差分析、倾向值匹配、回归分析的方法进行数据分析，对研究假设进行实证检验，得出了如下结论。

一、留守儿童的认知劣势与流动儿童的认知优势

根据户籍与所在地，本书将儿童划分为留守儿童、农村非留守儿童、流动儿童和城市本地儿童4类，比较并检验其认知水平的差异。研究发现无论在语文、数学，还是英语认知能力上，4类儿童的测试得分均值都存在阶梯式差异——城市本地儿童的认知测试分数最高，流动儿童次之，农村非留守儿童第三，留守儿童最低。研究通过方差分析多重比较的方法检验了任意两类儿童认知差异的系统性，重点关注了"留守儿童—农村非留守儿童""流动儿童—农村非留守儿童""流动儿童—留守儿童"和"流动儿童—城市本地儿童"组合的差异。

结果显示，除了流动儿童与城市本地儿童的英语认知不存在显著差异外，其余所有组合的认知差异都达到了显著性水平，这说明4类儿童的认知能力存在本质性不同。就本书最为关注的农民工子女而言，留守儿童的认知水平处于最为劣势的位置，其认知水平低于生活在城市的本地儿童及流动儿童，也低于同样生活于农村的非留守儿童，这一发现与已有大多数研究的发现一致。

不同于已有研究注重流动儿童与城市本地儿童的比较，以突显流动儿童发展过程中遇到的种种制度性障碍，本书以分析流动效应为主要目的，除关注流动儿童与城市本地儿童的认知差异外，更重视生活在城市的流动儿童与生活在农村儿童的比较。结果发现，虽然与城市儿童相比，流动儿童的认知水平整体处于劣势，但相比生活在农村的儿童，其认知优势却非常明显。

在儿童认知差异方面，除上述发现外，本书还发现生活在城市的儿童（流动儿童与城市本地儿童）之间的差异，或生活在农村的儿童（留守儿童与农村非留守儿童）之间的差异，小于城市与农村儿童之间的差异，这提醒我们在分析认知获得时重视城乡差异及相关因素。

二、父母外出对留守子女认知发展无显著影响

考虑到留守儿童鲜明的亲子分离特征，人们很容易将留守儿童的认知劣

势归因于父母的外出,事实上,这也是已有大多数研究的结论。为检验这一假设,同时为克服已有研究对内生性问题的重视不足,本书采用倾向值匹配的方法,以消除重要混淆变量的选择性误差,从而在农村非留守儿童中寻找留守儿童的理想"反事实",进行流动的净效应分析。

首先在最宽泛的意义上将父母之一外出工作的农村户籍儿童看作留守儿童。控制了个人、家庭与地区三个层次的混淆变量,具体包括:儿童性别、儿童年龄、父亲年龄、母亲年龄、父亲受教育程度、母亲受教育程度、家庭中 0~15 岁儿童数量、儿童出生地点等变量。利用匹配后的"留守—非留守"样本分析父母外出对留守子女认知发展的影响效应(ATT),发现无论在语文、数学,还是英语认知水平上,留守儿童与农村非留守儿童均没有显著差异,即父母外出对留守子女的认知并无显著性影响,这一发现与 Xu 和 Xie(2015)的研究结论一致,但不同于大多数已有研究的结论。

进一步采用更为严格的定义,将父母双方外出工作的农村户籍儿童看作留守儿童,同样以倾向值匹配的方法寻找留守儿童的"反事实",分析匹配后样本,从而探讨父母外出对留守子女的影响是否因留守模式的不同而变化,结果仍没有发现留守儿童与农村非留守儿童认知水平的显著差异。这说明,即使在父母双方外出工作的"最不利"情境下,留守子女的认知发展也没有受到明显影响。这一发现不同于大多已有研究的结论,也不同于一些采用倾向值匹配方法的研究结论(如陶然和周敏慧,2012)。

无论留守模式如何,父母外出工作对留守子女的认知影响效应都没有通过显著性检验,并非说明父母外出工作对留守子女的认知发展没有影响。事实上,本书发现父母外出对留守子女的认知发展既有积极影响,又有消极影响,而且相反方向的影响总是同时通过家庭或儿童个人发生着:父母外出工作改善了家庭的经济条件,提高了子女的生活质量,增加了子女的教育投资,增强了子女的独立性,但同时也使亲情缺失,学业监督指导、行为监管缺乏。因此,可能是两种相反方向的影响力相互抵消,使父母外出工作对留守子女认知发展影响的综合效应不显著。

三、家庭、学校与留守儿童的认知劣势

父母外出工作对留守子女的认知发展并没有显著影响,那么,究竟是哪些因素造成了包括留守儿童在内的生活于农村儿童的认知劣势呢?本书通过

对影响学前与学龄儿童认知获得的因素分析发现，在学前阶段，家庭背景及是否接受学前教育对认知发展影响重大，家庭背景中尤其以母亲受教育程度与家庭结构的作用最为突出。母亲受教育程度越高，儿童认知测试分数越高；家庭子女数越多，儿童认知水平越低。"最近发展区"概念强调成人指导对于儿童认知发展的意义。作为儿童最重要的看护人，母亲指导水平的高低与其受教育程度密切相关。家庭子女数量与认知水平的负向关系则可用"资源稀释理论"进行解释：在家庭资源一定的条件下，子女数量越多，每个人可得资源越少，越不利于认知发展。是否接受学前教育则反映了家庭的经济资本状况与父母的观念。

进入学龄阶段，除母亲受教育程度与家庭结构持续发挥重要作用外，家庭经济资本与就读学校质量的作用开始凸显。家庭经济资本通过优质资源转化的方式促进儿童能力的分化。学校是除家庭外儿童最为重要的生活学习环境，其教学管理质量将直接影响儿童的认知发展，硬件设施状况也有间接的影响作用。

包括留守儿童在内的农村儿童在上述这些重要影响因素上的分布特征解释了其认知的劣势。学前阶段的留守儿童，母亲受教育程度平均最低，家庭子女数最多，入读幼儿园比例最小；学龄阶段的留守儿童，除母亲受教育程度最低，家庭子女数最多外，还在经济状况上处于弱势，参加课外辅导或特长班的比例最小，就读学校的教学管理与硬件设施整体上最差。因此，文化资本、经济资本、家庭结构状况及就读学校质量差的现实共同决定了留守儿童群体的认知劣势。

四、跟随父母的乡城流动促进了儿童的认知发展

相比生活在农村的儿童群体，流动儿童的认知优势是否与跟随父母从乡到城的流动有关？为回答这一问题，本书分别进行了"流动儿童—农村非留守儿童""流动儿童—留守儿童"比较，比较前仍以倾向值匹配的方法在农村非留守儿童与留守儿童中寻找流动儿童的理想"反事实"。

对"流动儿童—农村非留守儿童"匹配后样本进行分析发现，在语文、数学与英语认知水平上，流动儿童的测试得分都显著高于农村非留守儿童。在控制重要混淆变量的情况下，流动儿童与农村非留守儿童的认知差异只能归因于两者不同的特征——是否跟随父母乡城流动，即跟随父母从农村到城

市的流动促进了子女的认知发展。

以相同的方式对"流动儿童—留守儿童"匹配后样本进行分析发现，流动儿童的认知水平显著高于留守儿童，且两群体在每一种认知测试上的差异都大于流动儿童与农村非留守儿童之间的差异。显然，在控制住重要混淆因素的干扰后，流动儿童与留守儿童特征的不同解释了认知水平的差异。两群体不仅有是否从农村到城市流动的不同，还有是否有父母陪伴的区别，也就是说，父母陪伴与乡城流动或两因素的交互影响促进了流动儿童的认知发展，而亲子分离与留守农村则阻碍了留守儿童的认知发展。如果把子女留守与随迁看作农民工迁移的两种策略或方式，则这两种不同的迁移方式，对农民工子女的成长发展可能有着截然不同的意义。

五、家庭、学校与流动儿童的认知优势

学前与学龄儿童认知获得影响因素分析表明，相比生活在农村的留守儿童与非留守儿童，流动儿童的认知能力存在明显的优势。流动儿童家庭的文化资本、经济资本、家庭结构与就读学校状况部分解释了这种优势，跟随父母从农村到城市的流动也促进了认知发展。这两部分对认知发展有着重要影响的因素是交织存在的，通常是文化资本和经济资本较丰富、家庭子女数较少的家庭倾向于选择子女随迁的家庭式流动策略；相反，文化资本和经济资本较贫乏、家庭子女数较多的家庭倾向于采取子女留守的迁移策略，也就是说，相比较生活在农村的儿童，流动儿童的家庭背景已经为其认知发展提供了实质性帮助。而乡城流动又通过"转校"等机制进一步促进了流动儿童的认知发展。

当前的中国，城乡教育两极分化，对学龄儿童来说，从农村到城市的迁移通常意味着从一个教学管理、硬件设施较差的学校转到一个更优质的学校。学校是儿童重要的生活学习环境，其在促进儿童认知发展方面扮演着重要的角色，因此，儿童的乡城流动某种程度上是以"转校"的方式促进了认知水平的提升。

六、阶层再生产与社会流动

随着社会平等化运动的扩张，教育供给量的持续增加，教育选拔机制中

的贤能主义原则将越来越占据主导地位。贤能主义必然以能力为核心，这样，个体的能力高低将成为教育获得的关键，而教育获得某种程度上决定了个体在劳动力市场中的地位。退一步讲，即使不考虑教育获得，认知能力也往往与人生其他方面的成功密切相关。这意味着，作为儿童重要能力体现的认知水平将成为其以后社会经济地位的保障。

留守儿童在语文、数学与英语认知上的全面劣势，更易导致学业失败，不利于更高更优质教育资源的获得，在以后的劳动力市场中也很难有竞争优势，最终很可能重蹈父辈命运，成为新一代农民工，完成阶层再生产。

微观上，注重从家庭到学校分析策略的文化再生产理论和语言编码理论更适宜解释认知劣势的再生产路径。正是留守儿童家庭可用资源的贫乏与就读学校质量的低下产生了累积"劣势"效应。而父母外出工作与留守子女的认知劣势并无显著关系，当然，这并非说明父母外出对子女的认知发展没有影响，而是同时存在的积极与消极影响的对冲使结果表现为无关系。更为可能的是，父母外出的两方面效应只是在现阶段留守儿童身上表现出暂时的平衡，这种平衡将随着一些因素的改变而被打破（比如，学校教育质量的提高可以更大程度地抵消父母外出的消极影响，而最终表现为正向效应；外出父母的受教育程度明显高于看护人教育程度的话，家庭经济收入的提高无法抵消父母外出的影响，将使最终结果表现为负向效应）。

城乡二元格局下城市与农村经济、学校教育两极分化的现实是影响农村儿童认知发展的宏观因素。这种影响深刻而持续，农村经济落后，学校教育投资不足，很难吸引到优秀的师资，教学管理质量必然不高，导致农村特别是经济落后地区人口的教育水平总是低于全国平均水平，父辈教育水平影响子代的认知发展，最终结果是农村儿童整体上始终处于不利的成长环境，向上流动困难重重。

相比生活在农村的儿童，流动儿童的语文、数学和英语认知能力都明显占优，甚至在英语认知方面已与城市本地儿童相差无几。跟随父母从农村到城市的流动部分解释了这一状况，也说明流动促进了认知发展，为该儿童群体向上流动的实现奠定了认知基础。

这是一个好的开始，但绝非意味着今后的历程将一帆风顺。因为，首先，相比城市本地儿童，流动儿童的认知整体上仍处于明显劣势，这一劣势根源于家庭背景等阶层性因素，即乡城流动对流动儿童认知发展的促进受阶层性限制，表现出短距离、小幅度变动的特征。

其次，流动儿童在城市中往往要面对入学、就医、社会保障等方面的歧视和困难，这些都不利于其成长发展，更为重要的是，所在城市往往不允许流动儿童就地高考，就地高考权利缺失使流动儿童及家庭面临艰难选择，要么辍学，要么回老家上高中，要么继续在城市就读，但只能参加职业学校的考试录取。辍学几乎阻断了上升的渠道。回户籍所在地就读，一方面产生新的留守儿童问题；另一方面，从城市到农村学校的回流，往往意味着学校质量的降低，再加上教材、环境变化，这些都不利于学业的提升。流动儿童参加中等或高等职业学校的考试录取，是一条向上的流动渠道，但现实是，职业学校因生源不足才向流动儿童开放，而且职业教育的声望也不高。

因此，对流动儿童而言，是克服重重制度的阻碍，最终实现向上的社会流动，还是受种种不利结构性因素的阻滞，耗损已建立的认知优势，最终走向阶层再生产，一切都还未定。

七、农民工阶层的分化

本书将阶层划分为农民、农民工与城市各阶层。从子女的认知水平看，农民工阶层有着较为明显的分化：跟随迁移的农民工阶层子女的认知水平显著高于农民与留守在家的农民工阶层子女。由于认知能力是社会流动的重要机制，可以预见，跟随迁移的农民工阶层子女更可能摆脱父辈命运，实现向上的流动，虽然流动的程度可能有限；相反，留守在家的农民工子女更可能重蹈父辈的命运，发生阶层再生产。

第二节 讨　论

一、农民工迁移策略

从子女认知发展方面考虑，家庭式流动应该是最理想的一种流动方式。特别是当户籍所在地与流入地经济、学校教育差距较大时，乡城流动更有利于促进儿童的认知发展。这就意味着，那些以改善子女学习条件为目的而外出务工的农民工父母，最有效达成此目的的途径很可能就是将子女带在身边，在流入城市为子女找一所不错的学校就读，而非将子女留在户籍地，增加教育投入（购买书籍、课外辅导等）。

然而，现实是，虽然举家外出农民工有逐年增多的趋势，但至2013年，这部分农民工占全部外出农民工的比例仍然较小（大约仅五分之一）。这就意味着，更多农民工还是选择了不让子女随迁的"非家庭式流动"，大部分学龄农民工子女被留在经济、教育不发达的农村生活、学习。

显然，这些将子女留在户籍地的农民工中的大部分并非不愿意举家迁移，事实是由于收入低、住房条件差、工作忙碌且工作时间长、所在城市就学困难、考试升学限制等诸多现实阻碍，他们不得已才把子女留在农村。非不愿也，实不能也！这样看来，是否举家迁移不仅仅是认识问题，更是农民工家庭经济实力的问题，是涉及流入地对待外来人员的政策制度问题。

二、流入地的教育公平

西方一些发达国家学龄人口的流动率也较高，学者与政府对流动可能对儿童学业带来的消极影响特别重视，进行了积极的探索，积累了丰富的经验，这些经验主要有：完善立法，以保证儿童受到成功的学校教育，消除流动、非流动学生的差别；以网络传递学生信息，保证流动学生学习的连续性；提早了解学生流动的可能，做好准备；为流动学生及其家庭提供多方面的帮助，以保证流动学生得到学习、社交与情绪上的必要支持；加强学校或社区与流动儿童[①]家庭的联系等（石人炳，2005）。

与美国等发达国家为促进流动儿童成长发展实践的细致性、成功性相比，我国在这些方面做得还远远不够。如果说西方发达国家已处在基本能够保证绝大多数流动儿童受到成功学校教育的阶段，中国则处在大多城市的外来人口为子女能不能在所在城市顺利上学而发愁，入学机会还不公平的阶段。当然，这与我国的实际情况特别是城乡分割的户籍制度、教育经费拨款制度、就近入学与分级管理制度有关。但是，无论如何，我们看到了，许多农民工及子女遭遇到了切切实实的教育不公平，这些不公平在几乎所有关于流动儿童教育问题的研究中都有描述，这里不再赘述。

---

① 与本书的流动儿童有相似之处，但所指并不完全一致。这里流动儿童的外延更为宽泛，本书的流动儿童仅指流动到城市的农民工子女。

对此问题要强调的是，本书利用全国性数据发现了从农村到城市的流动能够极大地促进儿童的认知发展，其中重要的机制就是就读学校质量的提高。考虑到农民工子女规模的庞大，其若干年后，必将是城市劳动力的主力军，是城市持续发展的动力保障，而且教育公平是一个显而易见的且易引发社会矛盾的问题。因此，从国家层面讲，鼓励农民工子女的乡城流动，并保证其能够就读于城市的学校，是提高国民素质、缩小城乡差异的有效手段之一；从长远看，维护流动儿童在流入地的平等受教育权利，有利于缓解社会矛盾，推动中国现代化社会结构的形成与和谐社会的建设，也为中国未来经济发展提供了源源不断的劳动力资源。为此，中央政府最应该做到：以立法而非政策颁布的形式保护并落实流动儿童公平接受教育权利的同时，改革教育经费的拨款方式，协调好流出地与流入地的关系。2001年国务院颁布的"两为主"政策，虽一定程度上缓解了流动儿童入学难的问题，但是这一规定并无法律上的强制意义，地方政府总能以"地方负责，分级管理"的义务教育财政拨款制度逃避相关责任。因此，立法保护流动儿童的受教育权利与改革财政拨款制度从而提高地方政府的积极性应同时进行。

令城市管理者担忧的是，如果全面开放学校教育，可能有大规模的流动人口子女涌入城市的学校，教育资源将无法承受，这也是不少城市对解决流动儿童教育问题不积极甚至严加限制的行为逻辑。其实，应看到，一方面，流动人口子女在城市入学就读，并不一定挤占了城市子女的教育资源。因为，有数据显示，城市户籍学生的数量总体上呈现减少趋势（背后的原因可能是少子化效应），这样，在保证城市人口子女就读机会的前提下，城市公共教育机构是能够吸纳一定量的流动人口子女的，而且随着财政拨款制度的完善，所在城市的负担也没有明显增加。另一方面，流动人口是举家迁移还是单独外出不仅与流入地的政策制度有关，更是一个基于经济实力、家庭发展的理性选择。流入地宽松的政策固然能吸引更多人口的流入，但有没有经济基础支持子女在城市生活学习，或愿不愿意举家城市生活则是未定的事情，所以，进一步开放城市的学校教育可能远没有想象的不可承受。

三、二元结构下的农村教育

双重二元分割性是中国教育制度的最大缺陷，农村与城市的分割，引发城乡教育的巨大差别，从幼儿园到大学各个教育阶段内部的分割，造成重点与普通学校教育的天壤之别。双重分割的实质是，有限的教育经费明显倾斜于城市学校和重点学校。结果是分属不同制度的无论是教育者还是受教育者的权利保障及实现程度都截然不同，教育机会的不平等必然不可避免（张玉林，2013）。

本书发现，城乡学校教育的差异很大程度上解释了城市与农村儿童的认知水平差异。部分农民工子女通过乡城流动促进了认知水平的提高，但是，大部分的农民工子女仍留守农村，与非留守儿童一起身处普遍资源匮乏的农村教育体系之中。这揭示了，当前中国教育特别是基础教育不平等问题的核心仍然是城乡之间教育资源分布/投入的不均衡。在此意义上，留守儿童与农村非留守儿童面临着共同的命运。城市学校教育体系与农村学校教育体系内部也存在着分割，城市内部分割的依据为制度排斥与家庭资源，赤裸裸的排斥阻止了大部分农民工子女就读质量较好的城市公办学校；农村内部分割的主要依据为家庭经济资本，少数经济殷实的家庭（包括部分留守儿童家庭），将子女送到附近乡镇/县城的优质学校就读。但能逃脱教育体制二元分割性制度安排者总是少数，因此，缩小各阶层子女或不同类型儿童群体认知水平差异的根本之道在于打破这种二元分割的教育制度，大力发展农村教育。

发展农村教育是一项系统的工程，需要国家层面的决策努力，下决心改变教育经费向城市学校倾斜的状况，彻底取消重点学校制度，完善农村学前教育体系，为优质教育资源共享建立易于操作的平台。在学校因素中，教学管理质量对学生的发展最为重要，为促进平衡发展，可以考虑实行校长、教师交换流动制度。甚至在国家财政许可的情况下，可以考虑实施大规模的"师资更换计划"，即以优厚的薪资待遇吸引高学历优秀毕业生从事农村基础教育工作，同时在保证基本收入的前提下，鼓励原来的低学历教师提前退出教育岗位。这一计划能够缓解大学生就业难的问题，更为重要的是，它将极大地促进农村基础教育的发展，缩小城乡差距，也为中国经济的持续增长提供源源不断的动力。

总之，在影响认知发展的最重要的两大因素中，家庭的作用持续而稳定，不易改变；对认知发展的干预最有可能通过对学校的干预而实现，且干预越早效果越好。因此，为促进农村儿童的成长发展，缩小城乡之间的差距，构建和谐的社会结构体系，同时为经济发展提供持续的动力，大力发展包括学前教育的农村学校教育是一项重大且需即刻执行的任务。

第三节　进一步研究内容

一、研究不足

本书接受认知能力受遗传因素与后天环境共同影响的观点，但对遗传信息的收集及技术处理实在超出了项目组的能力范围，因此未能实现。结果是，在分析时我们对遗传信息可能的影响采取了"悬置"的方式，实际上接受了研究对象在出生时没有明显差异的假定，这样就无法辨明结果中基因与环境的交互作用，也必然会降低环境因素对儿童认知发展影响预测的精确度。

社会文化情境理论认为，有近端与远端两个情境影响着儿童的思维发展，远端的情境指儿童所处的社会—文化—历史时刻，某种文化历史和当前的社会体制所给予儿童的是一套业已存在的价值、信念、规则、可能性和不可能性（弗拉维尔等，2002：21）。因此，出生于不同社会—文化—历史的儿童，得以利用的工具不同，认知发展的制度条件也不同。中国城乡巨大的差异，对一些偏远地区的儿童来说恰似处于了另一个时代，而测试的内容却是现今主流社会的标准。这是所有大规模能力测验都存在的问题，本书同样无法避免。因此，本书主张对认知能力测试结果应始终保持谨慎的态度。

对农民工子女问题研究动态视角的述评，表明本书已经认识到留守儿童与流动儿童并非严格区分的两个群体，在考虑流动或留守经历的情况下，两者很多时候同属一个群体，因为目前"留守"的儿童可能曾经"流动"过，目前"流动"的儿童也可能有"留守"经历；也认识到以考察留守或流动经历对儿童成长发展影响的研究，仅仅关注目前状态可能产生的偏误。事实上，本书中就有一部分儿童既有留守经历又有流动经历。但在实际操作中，为方便分析，本书忽略了儿童的流动或留守经历，仅粗略地以目前的留守或流动状态进行群体划分，这肯定会影响分析的准确性。

本书在阶层再生产视角之下，简单地将阶层划分为农民、农民工与城市各阶层，这种统括式划分方式无疑掩盖了农村特别是城市人口内部的阶层差异，使分析显得不够细致。在进一步的研究中采用更为精确细致的划分标准将有助于更好地呈现流动对农民工阶层子女成长发展的影响。当然，由于农民、农民工、城市各阶层内部存在着或大或小的阶层分化现象，可以从影响儿童成长发展因素的角度，引入更为详细的测量指标，加强对不同阶层儿童成长发展的影响因素分析，或许可以更为清晰地呈现些阶层因素之外的其他因素的效应。

在分析方法与变量的测量与选择上也存在不足：

本书使用倾向值匹配方法分析乡城流动对农民工子女认知发展的影响效应，这一方法通过为处理组寻找"反事实"来确证因果关系，但需要承担样本量损失的代价；而且，"反事实"状况与计算倾向值所控制的变量密切相关，存在增加或替换某些变量，而使"反事实"进而使结论发生改变的可能；还有，要认识到利用倾向值匹配方法探析流动效应只是因缺乏纵向数据的替代选择，要深度探究流动对儿童的影响需要有纵向数据的支持。

本书纳入模型中的一些变量的测量也并不精确细致，如依据被访者对问题"每个月底，您通常会有钱剩余下来，刚好收支平衡还是入不敷出？"的回答区分现阶段家庭经济状况；依据被访者对问题"孩子的出生地，是医院还是家里等其他地方？"的回答区分过去家庭经济状况；依据被访者对问题"您居住的社区/村是否是一个养育孩子的好地方？"的回答将社区状况简单地区分为"好、一般、差"等。对学校教学管理质量的测量仅仅依据主观指标，缺乏师资学历等客观指标。另外，本书只是从整体上分析了农民工流动对留守儿童、流动儿童认知能力的影响效应，并没有引入留守时间、流动时间、流动距离等变量进行更为细致深入的分析。

二、进一步研究内容

上述不足，只有留待今后的研究加以改进。除此之外，以下几方面应为进一步研究的内容或方向。

（一）各类儿童群体内部的结构性问题研究

本书聚焦于 4 类儿童群体的认知水平差异分析，对各类儿童群体内部的结构性问题关注不够。例如，虽然相比流动与城市本地儿童，留守儿童的认知发展整体上处于弱势，但留守儿童中也有高认知水平者；同样道理，流动儿童中也有低认知水平者。分析造成留守儿童/流动儿童内部结构性差异问题的原因，有助于采取更为有针对性的措施以促进农民工子女的认知发展。以此为基础进一步深入的是，注重不同儿童群体的内部差异研究，特别是对弱势儿童群体如留守儿童的关注，不仅应着眼于其中的所谓"问题儿童"成因分析，也要分析其中的"优秀儿童"的支持因素。对留守儿童中的"问题儿童"成因分析可以为社会工作等的介入提供理论支持，对其中的"优秀儿童"支持因素分析既可以为社会工作介入的资源链接提供明确方向，也可以为政府部门政策制定、农民工流动决策执行提供参考。从研究方法上讲，对儿童群体内部结构性问题的深入研究，既需要以全国样本为基础的量化分析，也需要以县城、村镇、学校、家庭为基础的个案研究。分开来看，当前相关的量化研究和个案研究都不缺乏，缺乏的是两者的结合研究，或者说缺乏的是建立于全国样本深入分析基础上的后续的个案研究。

（二）农民工流动对儿童的心理发展、身体健康的影响

本书仅仅分析了农民工流动与儿童认知发展的关系，发现了跟随父母的乡城流动能够促进儿童的认知发展，父母外出务工经商对留守儿童的认知发展没有显著影响，并推测可能是父母外出引发的两个相反的作用力相互抵消，从而使综合效应表现为不显著。那么，父母外出对留守子女的心理发展有何影响？对身体健康、营养状况又有何影响？是否为消极影响，从而使父母外出对留守儿童成长的影响表现为负向，还是相反？跟随父母的乡城流动又如何影响了儿童的心理状况与身体健康？只有回答了这些问题，才能整体理解农民工流动对儿童成长发展造成的影响。

（三）农民工子女的追踪研究

由于数据收集的原因，已有文献缺乏对义务教育阶段后农民工子女的学业状况、职业发展与生活状况的追踪研究。按第一批农民工子女出现于20世纪90年代初算，如今他们中的大部分人也已成家立业。那么，他们的现状如何？曾经的流动或留守经历对其今天的生活有着怎样的影响？是否像再生产理论所预言的那样，他们中的大多数人重蹈了父辈的命运？埃尔德的生命历程理论认为，个体的生命历程嵌入了其所经历的事件之中，同时也被这些事

件塑造着，而且这些事件的影响取决于其何时发生于这个人的生活中（埃尔德，2002：426-430）。那么，农民工子女又是如何通过自身的选择与行动，利用所拥有的机会，克服环境的制约，从而建构自身的生命历程的？这些都是很有意义的研究议题。

参 考 文 献

〔美〕埃尔德. 2002. 大萧条的孩子们. 田禾，马春华译. 南京：译林出版社.

〔美〕鲍尔斯，〔美〕金蒂斯. 1990. 美国：经济生活与教育改革. 王佩雄等译. 上海：上海教育出版社.

〔英〕伯恩斯坦. 1989. 社会阶级、语言与社会化//张人杰. 国外教育社会学基本文选. 上海：华东师范大学出版社.

〔法〕布尔迪厄. 1997. 文化资本与社会炼金术：布尔迪厄访谈录. 包亚明译. 上海：上海人民出版社.

〔法〕布尔迪约，〔法〕帕斯隆. 2002. 继承人——大学生与文化. 邢克超译. 北京：商务印务书馆.

〔英〕布莱克里局，〔英〕杭特. 1987. 教育社会学理论. 李锦旭译. 台北：桂冠图书股份有限公司.

〔美〕布洛维. 2007. 公共社会学. 沈原，等译. 北京：社会科学文献出版社.

陈丽，王晓华，屈智勇. 2010. 流动儿童和留守儿童的生长发育与营养状况分析. 中国特殊教育，（08）：48-54.

陈欣欣，张林秀，罗斯高等. 2009. 父母外出与农村留守子女的学习表现——来自陕西省和宁夏回族自治区的调查. 中国人口科学，（05）：103-110.

慈勤英，李芬. 2002. 流动人口适龄子女教育弱势地位研究. 当代青年研究，（03）：16-20.

〔美〕戴蒙，〔美〕勒纳. 2015. 儿童心理学手册（第2卷）. 林崇德，李其维，董奇译. 上海：华东师范大学出版社.

〔美〕戴蒙，〔美〕勒纳. 2015. 儿童心理学手册（第3卷）. 林崇德，李其维，董奇译. 上海：华东师范大学出版社.

东梅. 2010. 农村留守儿童学习成绩对其父母回流决策的影响. 人口与经济，（01）：79-84.

董海宁. 2010. 社会化结果：留守儿童与非留守儿童的比较分析. 中国青年研究，（07）：31-35.

段成荣，梁宏. 2004. 我国流动儿童状况. 人口研究，28（01）：53-59.

段成荣，梁宏. 2005. 关于流动儿童义务教育问题的调查研究. 人口与经济，（01）：11-17.

段成荣，吕利丹，王宗萍. 2014. 城市化背景下农村留守儿童的家庭教育与学校教育. 北京大学教育评论，12（03）：13-29，188-189.

段成荣，吕利丹，王宗萍等. 2013. 我国流动儿童生存和发展：问题与对策——基于2010年第六次全国人口普查数据的分析. 南方人口，（04）：44-55.

段成荣，杨舸. 2008. 我国农村留守儿童状况研究. 人口研究，32（03）：15-25.

段成荣，周福林. 2005. 我国留守儿童状况研究. 人口研究，29（01）：29-36.

范方，桑标. 2005. 亲子教育缺失与"留守儿童"人格、学绩及行为问题. 心理科学，28（04）：855-858.

范丽恒，赵文德，牛晶晶. 2009. 农村留守儿童心理依恋特点. 河南大学学报（社会科学版），（06）：131-136.

范先佐. 2004. 农村"留守儿童"教育面临的问题及对策. 2004年中国教育经济学学术年会论文，北京.

范兴华. 2011. 不同监护类型留守儿童与一般儿童情绪适应的比较. 中国特殊教育，（02）：71-77.

范兴华，方晓义. 2010. 不同监护类型留守儿童与一般儿童问题行为比较. 中国临床心理学杂志，（02）：232-234，237.

范兴华，方晓义，刘勤学等. 2009. 流动儿童、留守儿童与一般儿童社会适应比较. 北京师范大学学报（社会科学版），（05）：33-40.

方长春. 2005. 家庭背景与教育分流——教育分流过程中的非学业性因素分析. 社会，25（04）：105-118.

〔美〕弗拉维尔，〔美〕米勒，〔美〕米勒. 2002. 认知发展. 邓赐平译. 上海：华东师范大学出版社.

甘泽布姆，特莱曼，乌尔蒂. 2002. 代际分层比较研究的三代及以后的发展//清华大学社会学系. 清华社会学评论（2002卷）. 北京：社会科学文献出版社.

〔意〕葛兰西. 2000. 狱中札记. 曹雷雨等译. 北京：中国社会科学出版社.

〔美〕格雷戈里. 2012. 心理测量：历史、原理及应用（5 版）. 施俊琦等译. 北京：机械工业出版社.

〔美〕郭申阳,〔美〕弗雷泽. 2012. 倾向值分析：统计方法与应用. 郭志刚,巫锡伟等译. 重庆：重庆大学出版社.

国际学生评估项目中国上海项目组. 2013. 质量与公平：上海 2009 年国际学生评估项目（PISA）研究报告. 上海：上海教育出版社.

韩嘉玲. 2001a. 北京市流动儿童义务教育状况调查报告（上）. 青年研究,（08）：1-7.

韩嘉玲. 2001b. 北京市流动儿童义务教育状况调查报告（下）. 青年研究,（09）：10-18.

胡安宁. 2012. 倾向值匹配与因果推论：方法论述评. 社会学研究,（01）：221-242.

胡枫,李善同. 2009. 父母外出务工对农村留守儿童教育的影响——基于 5 城市农民工调查的实证分析. 管理世界,（02）：67-74.

胡雯,张浩,李毅等. 2012. 分子遗传学的发展对社会学的影响. 社会学研究,（05）：224-241.

华耀龙. 1994. 招收流动人员子女入学全面普及义务教育. 天津教育,（06）：13-14.

黄文三,谢秀玲,李新民. 2008. 心理学. 台北：群英出版社.

贾勇宏. 2008. 留守儿童的德行失范问题研究. 青年研究,（04）：1-6.

江立华. 2011. 乡村文化的衰落与留守儿童的困境. 江海学刊,（04）：108-114.

江立华,鲁小彬. 2006. 农民工子女教育问题研究综述. 河北大学成人教育学院学报,（01）：44-46.

金灿灿,屈智勇,王晓华. 2010. 留守与流动儿童的网络成瘾现状及其心理健康与人际关系. 中国特殊教育,（07）：59-64.

康辉,赵娟,刘建中. 2010. 2007—2009 年我国农村留守儿童问题研究文献计量分析. 现代农业科技,（03）：395-397.

〔美〕拉鲁. 2010. 不平等的童年. 张旭译. 北京：北京大学出版社.

〔美〕莱文,〔美〕莱文. 2009. 教育社会学（第 9 版）. 郭锋,黄雯,郭菲译. 北京：中国人民大学出版社.

李陈续. 2002-04-09. 农村"留守儿童"教育问题亟待解决. 光明日报.

李春玲. 2011. 农民工与社会流动 // 李培林. 中国社会. 北京：社会科学文献出版社.

李方安,张良才. 2001. 班级规模：一个不容忽视的学习资源. 教育科学,（03）：47-49.

李建平. 1995-01-21. 流动的孩子哪里上学——流动人口子女教育探讨. 中国教育报.

李路路. 2006. 再生产与统治——社会流动机制的再思考. 社会学研究,（02）：37-60.

李培林. 1996. 流动民工的社会网络和社会地位. 社会学研究，（04）：42-52.

李庆丰. 2002. 农村劳动力外出务工对"留守子女"发展的影响. 上海教育科研，（09）：25-28.

李煜. 2006. 制度变迁与教育不平等的产生机制——中国城市子女的教育获得（1966—2003）. 中国社会科学，（04）：97-109.

李云森. 2013. 自选择、父母外出与留守儿童学习表现——基于不发达地区调查的实证研究. 经济学（季刊），（03）：1027-1050.

林大森. 2002. 高中/高职的公立/私立分流对地位取得之影响. 教育与心理研究，（25）：35-62.

林宏. 2003. 福建省"留守孩"教育现状的调查. 福建师范大学学报（哲学社会科学版），（03）：132-135.

凌辉，张建人，易艳等. 2012. 分离年龄和留守时间对留守儿童行为和情绪问题的影响. 中国临床心理学杂志，（05）：674-678.

刘精明. 2004. 教育选择方式及其后果. 中国人民大学学报，（01）：64-71.

刘精明. 2008. 中国基础教育领域中的机会不平等及其变化. 中国社会科学，（05）：101-116.

刘精明. 2014. 能力与出身：高等教育入学机会分配的机制分析. 中国社会科学，（08）：109-128.

刘精明，李路路. 2005. 阶层化：居住空间、生活方式、社会交往与阶层认同——我国城镇社会阶层化问题的实证研究. 社会学研究，（03）：52-81.

刘霞，胡心怡，申继亮. 2008. 不同来源社会支持对农村留守儿童孤独感的影响. 河南大学学报，（01）：18-22.

刘霞，武岳，申继亮等. 2007. 小学留守儿童社会支持的特点及其与孤独感的关系. 中国健康心理学杂志，（04）：325-327.

刘晓红. 2012. 我国农村学前教育发展中的问题、困难及其发展路向. 学前教育研究，（03）：30-33.

刘晓慧，王晓娟，杨玉岩等. 2012. 不同监护类型留守儿童与一般儿童心理健康状况的比较研究. 中国全科医学，（5A）：1507-1510.

刘志军. 2008. 留守儿童的定义检讨与规模估算. 广西民族大学学报（哲学社会科学版），（03）：49-55.

〔美〕罗伯特·J. 格雷戈里. 2012. 心理测量：历史、原理及应用. 施俊琦等译. 5 版. 北京：机械工业出版社.

罗国芬. 2005. 从 1000 万到 1.3 亿：农村留守儿童到底有多少. 青年探索，（02）：3-6.

罗国芬, 佘凌. 2006. 留守儿童调查有关问题的反思. 青年探索, (05): 13-15.

罗凯, 周黎安. 2010. 子女出生顺序和性别差异对教育人力资本的影响——一个基于家庭经济学视角的分析. 经济科学, (03): 107-119.

罗仁福, 赵启然, 何敏等. 2009. 贫困农村学前教育现状调查. 学前教育研究. (01): 7-10.

骆鹏程. 2007. 留守儿童心理弹性与人格、社会支持的关系研究. 开封: 河南大学硕士学位论文.

吕开宇, 迟宝旭, 吴蓓蓓. 2008. 子女受教育状况在农户非农外出务工决策中的作用. 中国农业大学学报 (社会科学版), (04): 77-83.

吕鹏. 2006. 生产底层与底层的再生产——从保罗·威利斯的《学做工》谈起. 社会学研究, (02): 230-242.

吕绍青, 张守礼. 2001. 城乡差别下的流动儿童教育——关于北京打工子弟学校的调查. 战略与管理, (04): 95-108.

〔德〕马克思. 1975. 资本论 (第 1 卷). 北京: 人民出版社.

〔德〕马克思. 1963. 资本论 (第 1 卷). 郭大力, 王亚南译. 北京: 人民出版社.

民政部. 2016-11-09. 民政部有关负责人就农村留守儿童摸底排查情况答记者问. http://www.mca.gov.cn/article/zwgk/mzyw/201611/20161100002391.shtml.

全国妇联课题组. 2013-5-10. 我国农村留守儿童、城乡流动儿童状况研究报告. http://acwf.people.com.cn/n/2013/0510/c99013-21437965.html.

任松筠, 刘允明, 戴丹. 2005-08-25. 关注农村 "留守儿童" 综合症. 新华日报, 第 B03 版.

申继亮. 2008. 流动和留守儿童的发展与环境作用. 当代青年研究, (10): 9-16.

申继亮, 王兴华. 2007. 流动对儿童意味着什么——对一项心理学研究的再思考. 中国妇运, (06): 27-29.

沈百福. 2004. 义务教育投入的城乡差异分析. 教育科学, (03): 23-26.

沈原. 2006. 社会转型与工人阶级的再形成. 社会学研究, (02): 13-36.

石人炳. 2005. 美国关于流动儿童教育问题的研究与实践. 比较教育研究, (10): 29-33.

孙志军, 刘泽云, 孙百才. 2009. 家庭、学校与儿童的学习成绩——基于甘肃省农村地区的研究. 北京师范大学学报 (社会科学版), (05): 103-115.

谭深. 2011. 中国农村留守儿童研究述评. 中国社会科学, (01): 138-150.

唐有财, 符平. 2011a. 动态生命历程视角下的留守儿童及其社会化. 中州学刊, (04): 108-113.

唐有财, 符平. 2011b. 亲子分离对留守儿童的影响. 人口学刊, (05): 41-49.

陶然，周敏慧. 2012. 父母外出务工与农村留守儿童学习成绩——基于安徽、江西两省调查实证分析的新发现与政策含义. 管理世界，（08）：68-77.

〔美〕特纳. 2001. 社会学理论的结构（下）（第 6 版）. 邱泽奇等译. 北京：华夏出版社.

王春光. 2005. 农民工：一个正在崛起的新工人阶层. 学习与探索，（01）：38-43.

王东宇，王丽芬. 2005. 影响中学留守孩心理健康的家庭因素研究. 心理科学，（02）：477-479.

王威海，顾源. 2012. 中国城乡居民的中学教育分流与职业地位获得. 社会学研究，（04）：48-66.

王伟宜. 2006. 中国不同社会阶层子女高等教育入学机会差异研究. 厦门：厦门大学博士学位论文.

吴康宁. 1999. 课堂教学社会学. 南京：南京师范大学出版社.

吴霓，丁杰，唐以志等. 2004. 农村留守儿童问题调研报告. 教育研究，（10）：15-18.

吴愈晓. 2013. 教育分流体制与中国的教育分层（1978—2008）. 社会学研究，（04）：179-202.

吴愈晓，黄超. 2016. 基础教育中的学校阶层分割与学生教育期望. 中国社会科学，（04）：111-134.

谢建社，牛喜霞，谢宇. 2011. 流动农民工随迁子女教育问题研究——以珠三角城镇地区为例. 中国人口科学，（01）：92-100.

熊易寒. 2010a. 底层、学校与阶级再生产. 开放时代，（01）：94-110.

熊易寒. 2010b. 中国教育中的阶级再生产. 文化纵横，（04）：70-73.

徐晓军. 1999. 社区走向阶层化. 社会，（07）：34-35.

严海蓉. 2005. 虚空的农村和空虚的主体. 读书，（07）：74-83.

闫伯汉. 2014. 基于不同视角的中国农村留守儿童研究述评. 学术论坛，（09）：129-134.

杨东平. 2006. 高等教育入学机会：扩大之中的阶层差距. 清华大学教育研究，（01）：19-25.

杨菊华，段成荣. 2008. 农村地区流动儿童、留守儿童和其他儿童教育机会比较研究. 人口研究，（01）：11-21.

叶浩生. 2005. 心理学史. 北京：高等教育出版社.

叶敬忠，王伊欢. 2006. 留守儿童的监护现状与特点. 人口学刊，（03）：55-59.

叶敬忠，王伊欢，张克云等. 2006. 父母外出务工对留守儿童生活的影响. 中国农村经济，（01）：57-65.

余娟，王怡. 2004. 皮亚杰的儿童认知发展阶段论面临的挑战. 内蒙古师范大学学报（教育科学版），（12）：63-65.

翟帆，赵秀红. 2007-03-12. 让农村孩子也拥有花样年华. 中国教育报，第 1 版.

张厚粲，王晓平. 1996. 中国儿童认知能力的性别差异发展倾向：韦氏儿童智力量表结果分析. 心理科学，（02）：65-70.

张绘，龚欣，尧浩根. 2011. 流动儿童学业表现及影响因素分析——来自北京的调研证据. 北京大学教育评论，（03）：121-136.

张克云，叶敬忠. 2010. 留守儿童社会支持网络的特征分析. 中国青年研究，（02）：55-59.

张利洪，刘洲. 2006. 刍议"留守儿童"与"流动儿童". 成都大学学报（社会科学版），（04）：122-124.

张莉，申继亮，黄瑞铭等. 2011. 不同留守时间下儿童公正感的特点及其与主观幸福感的关系. 心理发展与教育，（05）：484-490.

张玉林. 2013. 中国教育：不平等的扩张及其动力. 群言，（03）：25-29.

赵必华. 2013. 影响学生学业成绩的家庭与学校因素分析. 教育研究，（03）：88-97.

赵苗苗. 2012. 贫困农村地区留守儿童与非留守儿童健康差异及影响因素研究. 济南：山东大学博士学位论文.

赵树凯. 2000. 边缘化的基础教育——北京外来人口子弟学校的初步调查. 管理世界，（05）：70-78.

中国儿童中心（国务院妇女儿童工作委员会办公室）. 2005. 中国流动人口中儿童状况抽样调查. 中国妇运，（06）：8-10.

周国华，郭元凯. 2012. 流动儿童教育问题文献研究述评. 中国人口年鉴，206-221.

周皓，荣珊. 2011. 我国流动儿童研究综述. 人口与经济，（03）：94-103.

周丽婷. 2006-09-02. 河北省妇联儿童部公布抽样调查结果：八成以上留守儿童成绩中等偏下. 中国妇女报，第 2 版.

周潇. 2011. 劳动力更替的低成本组织模式与阶级再生产. 北京：中国社会科学院博士学位论文.

周宗奎，孙晓军，刘亚等. 2005. 农村留守儿童心理发展与教育问题. 北京师范大学学报（社会科学版），（01）：71-79.

朱科蓉，李春景，周淑琴. 2002. 农村"留守子女"学习状况分析与建议. 教育科学，（04）：21-24.

邹泓，屈智勇，张秋凌. 2004. 我国九城市流动儿童生存和受保护状况调查. 青年研究，（01）：1-7.

邹泓，屈智勇，张秋凌. 2005. 中国九城市流动儿童发展与需求调查. 青年研究，（02）：1-7.

Alexander K L, Entwisle D R, & Dauber S L. 1996. Children in Motion: School Transfers and Elementary School Performance. *The Journal of Educational Research*, 90 (1): 3-12.

Amato P R, & Ochiltree G. 1986. Family Resources and the Development of Child Competence. *Journal of Marriage and Family*, 48 (1): 47-56.

Battistella G, & Conano M C G. 1998. The Impact of Labour Migration on the Children Left Behind: A Study of Elementary School Children in Philippines. *Journal of Social Issues in Southeast Asia*, 13 (2): 220-241.

Behrman J R, Pollak R A, & Taubman P. 1989. Family Resources, Family Size, and Access to Financing for College Education. *Journal of Political Economy*, 97 (2): 398-419.

Biernat L, & Jax C. 1999. Limiting Mobility and Improving Student Achievement. *Hamline Law Review*, 23 (1): 1-37.

Blake J. 1981. Family Size and the Quality of Children. *Demography*, 18 (4): 421-442.

Blau P M, & Duncan O D. 1967. *The American Occupational Structure*. New York: John Wiley Press.

Block J, & Kremen A M. 1996. IQ and Ego-Resiliency: Conceptual and Empirical Connections and Seperateness. *Journal of Personality and Social Psychology*, 70 (2): 349-361.

Bouchard T J Jr. 1994. Genes, Environment and Personality. *Science*, 264: 1700-1701.

Bourdieu P. 1974. The School as a Conservative Force: Scholastic and Cultural Inequalities // Eggleston J (ed). *Contemporary Research in the Sociology of Education*. London: Methuen.

Breen R, & Goldthorpe J H. 1997. Explaining Educational Differentials: Towards a Formal Rational Action *Theory. Rationality and Society*, 9 (3): 275-305.

Bronfenbrenner U. 1989. Ecological Systems Theory. *Annual of Child Development*, 6 (1): 185-246.

Burawoy M. 1985. *The Politics of Production: Factory Regimes under Capitalism and Socialism*. London: Verso.

Cahen L S, Filby N, & McCutcheon G, et al. 1983. *Class Size and Instruction*. New York: Longman.

Carroll J B. 1993. *Human Cognitive Abilities: A Survey of Factor-Analytic Studies*. New York: Cambridge University Press.

Cattell R B. 1971. *Abilities: Their Structure, Growth, and Action*. Boston: Houghton Mifflin.

Cawley J, Heckman J, & Vytlacil E. 2001. Three Observations on Wages and Measured Cognitive Ability. *Labour Economics*, 8 (4): 419-442.

Coleman J S. 1988. Social Capital in the Creation of Human Capital. *American Journal of Sociology*, (94): 95-120.

Coleman J S. 1990. *Foundations of Social Theory*. Cambridge, MA: Belknap Press of Harvard University Press.

Coleman J S. 1966. *Equality of Educational Opportunity*. Washington: US Government Printing Office.

Coon H, Carey G, & Fulker D W. 1992. Community Influences on Cognitive Ability. *Intelligence*, 16 (2): 169-188.

Cooper S T, & Cohn E. 1997. Estimation of a Frontier Production Function for the South Carolina educational process. *Economics of Education Review*, 16 (3): 313-327.

Damian R I, Su R, & Shanahan M, et al. 2015. Can Personality Traits and Intelligence Compensate for Background Disadvantage? Predicting Status Attainment in Adulthood. *Journal of Personality and Social Psychology*, 109 (3): 473-489.

Das J, Dercon S, & Habyarimana J, et al. 2004. When Can School Inputs Improve Test Scores? Policy Research Working Paper.

Das J P, Kirby J R, & Jarman R F. 1975. Simultaneous and Successive Syntheses: An Alternative Model for Cognitive Abilities. *Psychological Bulletin*, 82 (1): 87-103.

Das J P, Naglieri J A, & Kirby J R. 1994. *Assessment of Cognitive Processes: The PASS Theory of Intelligence*. New York: Allyn & Bacon.

Deary I J, Taylor M D, & Hart C L, et al. 2005. Intergenerational Social Mobility and Mid-life Status Attainment: Influences of Childhood Intelligence, Childhood Social Factors, and Education. *Intelligence*, 33 (5): 455-472.

Deng Z, & Treiman D J. 1997. The Impact of the Cultural Revolution on Trends in Educational Attainment in the People's Republic of China. *The American Journal of Sociology*, 103 (2): 391-428.

Downey D B. 1995. When Bigger is not Better: Family Size, Parental Resources, and Children's Educational Performance. *American Sociological Review*, 60 (5): 746-761.

Duncan O D, Featherman D L, & Duncan B. 1972. *Socioeconomic Background and Achievement*. New York: Seminar Press.

Durlauf S N. 2004. Neighborhood Effects. *The Handbook of Regional and Urban Economics*，（4）：2173-2242.

Edward A C, & Ureta M. 2003. International Migration, Remittances, and Schooling: Evidence from El Salvador. *Journal of Development Economics*，72（2）：429-461.

Egelosn P, Harman P, & Achilles C M. 1996. *Does Class Size Make a Difference? Recent Findings from State and District Initiatives*. Washington，DC: ERIC Clearinghouse.

Eisenberg N, Guthrie I K, & Fabes R A, et al. 1997. The Relations of Regulation and Emotionality to Resiliency and Competent Social Functioning in Elementary School Children. *Child Development*，68（2）：295-311.

Elder G H, & Conger R D. 2000. *Children of the Land: Adversity and Success in Rural America*. Chicago: University of Chicago Press.

Erikson R, & Goldthorpe J H. 1987a. Commonality and Variation in Social Fluidity in Industrial Nations，Part I: A Model for Evaluating the "FJH Hypothesis". *Europe Sociological Review*，3（1）：54-77.

Erikson R, & Goldthorpe J H. 1987b. Commonality and Variation in Social Fluidity in Industrial Nations，Part II: The Model of Core Social Fluidity Applied. *Europe Sociological Review*，3（2）：145-166.

Fantuzzo J, Tighe E, & Childs S. 2000. Family Involvement Questionnaire: A Multivariate Assessment of Family Participation in Early Childhood Education. *Journal of Educational Psychology*，92（2）：367-376.

Featherman D L, Jones F L, & Hauser R M. 1975. Assumptions of Social Mobility Research in the United States: The Case of Occupational Status. *Social Science Research*，4（4）：329-360.

Ferguson R F. 1991. Paying for Public Education: New Evidence on How and Why Money Matters. *Harvard Journal on Legislation*，（28）：465-498.

Flynn J R. 1987. Massive IQ Gains in 14 Nations: What IQ Tests Really Measure. *Psychological Bulletin*，101（2）：171-191.

Galton F. 1869. *Hereditary Genius*. London: Macmillan and Company.

Ganzeboom H B G, Treiman D J, & Ultee W C. 1991. Comparative Intergenerational Stratification Research: Three Generations and Beyond. *Annual Review of Sociology*，（17）：277-302.

Gardner H. 1983. *Frames of Mind: The Theory of Multiple Intelligences*. New York: Basic Books.

Glass G V, Cahen L S, & Mary L S, et al. 1982. *School Class Size: Research and Policy*. Beverly Hills, CA: Sage.

Grantham-McGregor S, Yin B C, & Cueto S, et al. 2007. Developmental Potential in the First 5 Years for Children in Developing Countries. *The Lancet*, 369 (9555): 60-70.

Green P E. 2003. The Undocumented: Educating the Children of Migrant Workers in America. *Bilingual Research Journal*, 27 (1): 51-71.

Griliches Z, & Mason W M. 1972. Education, Income, and Ability. The *Journal of Political Economy*, 80 (3): 74-103.

Guilford, J P. 1950. Creativity. *American Psychologist*, 5 (9): 444-454.

Guilford, J P. 1967. *The Nature of Human Intelligence*. New York: McGraw-Hill.

Guo G, & Stearns E. 2002. The Social Influences on the Realization of Genetic Potential for Intellectual Development. *Social Forces*, 80 (3): 881-910.

Haller A O, & Portes A. 1973. Status Attainment Process. *Sociology of Education*, 46(1): 51-91.

Hamre B K, Pianta R C. 2001. Early Teacher-child Relationships and the Trajectory of Children's School Outcomes Through Eighth Grade. *Child Development*, 72 (2): 625-638.

Hanson G H, & Woodruff C. 2003. Emigration and Educational Attainment in Mexico. Working Paper.

Hanushek E A. 1986. The Economics of Schooling: Production and Efficiency in Public Schools. *Journal of Economic Literature*, 24 (3): 1141-1177.

Hanushek E A. 1987. Education Production Functions // Psacharopoulos G (ed). *Economics of Education: Research and Studies*. Oxford: Pergamon Press: 33-42.

Hauser R M. 1984a. Some Cross Population Comparisons of Family Bias in the Effects of Schooling on Occupational Status. *Social Science Research*, 13 (2): 159-187.

Hauser R M. 1984b. Vertical Class Mobility in England, France, and Sweden. *Acta Sociologica*, 27 (2): 87-110.

Hauser R M, & Huang M H. 1996. Trends in Black-White Test-Score Differentials. Institute for Research on Poverty. The University of Wisconsin-Madison.

Heckmann F. 2008. Education and Migration: Strategies for Integrating Migrant Children in European Schools and Societies. A NESSE Report.

参
考
文
献

Hedges L V, Laine R D, & Greenwald R. 1994. Does Money Matter? A Meta-analysis of Studies of the Effects of Differential School Inputs on Student Outcomes. *Educational Researcher*, 23 (3): 5-14.

Helmers C, & Patnam M. 2011. Does the Rotten Child Spoil His Companion? Spatial Peer Effects Among Children in Rural India. Working Paper.

Henderson R W. 1981. Home Environment and Intellectual Performance // Henderson RW (ed). *Parent-Child Interaction: Theory, Research, and Prospects*. New York: AcademicPress: 3-29.

Hernandez D J, & Napierala J S. 2012. Children in Immigrant Families: Essential to America's Future. FCD Child and Youth Well-Being Index (CWI) Policy Brief.

Herrnstein R J, & Murray C. 1995. The Bell Curve: Intelligence and Class Structure in American Life. Review by: Massey D S. *American Journal of Sociology*, 101(3): 747-753.

Hollos M, & Cowan P A. 1973. Social Isolation and Cognitive Development: Logical Operations and Role-taking Abilities in Three Norwegian Social Settings. *Child Development*, 44 (3): 630-641.

Honzik M P. 1957. Developmental Studies of Parent-child Resemblances in Intelligence. *Child Development*, 28 (2): 215-228.

Hout M. 2004. How Inequality May Affect Intergenerational Mobility. Social Inequality // Neckerman K M (Ed). New York: Russell Sage Foundation, 2004.

Hout M, & DiPrete T A. 2006. What we Have Learned: RC28'S Contributions to knowledge about Social Stratification. Research in Social Stratification, 24 (1): 1-20.

Jencks C. 1979. *Who Gets Ahead? The Determinants of Economic Success in America*. New York, NY: Basic Books.

Jenkins J M, & Astington J W. 1996. Cognitive Factors and Family Structure Associated with Theory of Mind Development in Young Children. *Developmental Psychology*, 32 (1): 70-78.

Kan K, & Tsai W D. 2005. Parenting Practices and Children's Education Outcomes. *Economics of Education Review*, 24 (1): 29-43.

Kandel W. 2003. The Impact of U.S. Migration on Mexican Children's Educational Attainment // Cosio M, Marcouz R, Pilon M, Quesnel A (eds). *Education, Family, and Population Dynamics*. Paris: CICRED: 305-328.

Kandel W, & Kao G. 2001. The Impact of Temporary Labor Migration on Mexican Children's Educational Aspirations and Performance. *International Migration Review*, 35 (4): 1205-1231.

Kerbow D. 1996. Patterns of Urban Student Mobility and Local School Reform. *Journal of Education for Students Placed at Risk*, 1 (2): 147-169.

Krueger A B. 1998. Reassessing the View that American Schools are Broken. *Economic Policy Review*, 4 (1): 29-43.

Krueger A B. 1999. Experimental Estimates of Education Production Functions. *Quarterly Journal of Economics*, 114 (2): 497-532.

Kuncel N R, Hezlett S A, & Ones D S. 2004. Academic Performance, Career Potential, Creativity, and Job Performance: Can One Construct Predict Them All? *Journal of Personality and Social Psychology*, 86 (1): 148-161.

Lazarsfeld P F. 1959. Problems in Methodology // Merton R K, Broom L, & Cottrell L S (eds). *Sociology Today: Problems and Prospects*. New York: Basic Books, (1): 39-72.

Leventhal T, & Jeanne B G. 2000. The Neighborhoods They Live in: The Effects of Neighborhood Residence on Child and Adolescent Outcomes. *Psychological Bulletin*, 126 (2): 309-337.

Liang Z, Guo L, & Duan C C. 2008. Migration and the well-being of children in China. *The Yale-China Health Journal*, (5): 25-46.

Lu Y. 2007. Educational status of temporary migrant children in China: Determinants and regional variations. *Asian and Pacific Migration Journal*, 16 (1): 29-55.

Lu Y, & Treiman D J. 2008. The effect of family size on educational attainment in China: Period variations. *American Sociological Review*, 73 (5): 813-834.

Marjoribanks K, Walberg H J, & Bargen M. 1975. Mental Abilities: Sibling Constellation and Social Class Correlates. *British Journal of Social and Clinical Psychology*, 14 (2): 109-116.

Martin M A. 2008. The Intergenerational Correlation in Weight: How Genetic Resemblance Reveals the Social Role of Families. *American Journal of Sociology*, 114(Suppl): S67-105.

Masten A S. 2001. Ordinary Magic : Resilience Processes in Development. *American Psychologist*, 56 (3): 227-238.

Mboya M M, & Nesengani R I. 1999. Migrant Labor in South Africa: A Comparative Analysis of the Academic Achievement of Father-Present and Father-Absent Adolescent. Adolescent, 34 (136): 763-767.

McGue M, Bouchard T J Jr, & Iacono W G, et al. 1993. Behavioral Genetics of Cognitive Ability: A Life-span Perspective//Plomin R, McClearn G E (eds). *Nature, Nurture, and Psychology.* Washington, D. C.: American Psychological Association Press: 59-76.

McKenzie D, & Rapoport H. 2011. Can Migration Reduce Educational Attainment? Evidence from Mexico. *Journal of Population Economics*, 24 (4): 1331-1358.

Neisser U, Boodoo G, & Bouchard T J, et al. 1996. Intelligence: Knowns and Unknowns. *American Psychologist*, 51 (2): 77-101.

OECD. 2006. *Where Immigrant Students Succeed: A Comparative Review of Performance and Engagement in PISA 2003.* Paris: OECD Publishing.

Perner J, RuffmanT, & Leekam S R. 1994. Theory of Mind is Contagious: You Catch it from Your Sibs. *Child Development*, 65 (4): 1228-1238.

Rex J, & Moore R. 1967. *Race, Community and Conflict.* London: Oxford University Press.

Rivkin S G, Hanushek E A, & Kain J F. 2005. Teachers, Schools, and Academic Achievement. *Econometrica*, 73 (2): 417-458.

Robinson G E, & Wittebols J H. 1986. *Class Size Research: A Related Cluster Analysis for Decision Making.* Arlington, VA: Education Research Service.

Rosenbaum P R, & Rubin D B. 1983. The Central Role of the Propensity Score in Observational Studies for Causal Effects. Biometrika, 70 (1): 41-55.

Rumberger R W, & Larson K A. 1998. Student Mobility and the Increased Risk of High School Dropout. *American Journal of Education*, 107 (1): 1-35.

Sampson R J, Raudenbush S W, & Earls F. 1997. Neighborhoods and Violent Crime: A Multilevel Study of Collective Efficacy. *Science*, 277 (5328): 918-924.

Saxe G B, Guberman S R, & Gearhart M, et al. 1987. Social Processes in Early Number Development. *Monographs of the Society for Research in Child Development*, 52 (2): 1-162.

Scarr S, & Weinberg R A. 1976. IQ Test Performance of Black Children Adopted by White Families. *American Psychologist*, 31 (10): 726-739.

Scarr S, & Weinberg R A. 1983. The Minnesota Adoption Studies: Genetic Differences and Malleability. *Child Development*, 54 (2): 260-267.

Settle J E, Dawes C T, & Christakis N A, et al. 2010. Friendships Moderate an Association Between a Dopamine Gene Variant and Political Ideology. *The Journal of Politics*, 72 (4): 1189-1198.

Sewell W H, & Hauser R M. 1992. The Influence of the American Occupational Structure on the Wisconsin Model. Contemporary Sociology, 21 (5): 598-603.

Skeels H M. 1966. Adult Status of Children with Contrasting Early Life Experiences: A Follow-up Study. *Monographs of the Society for Research in Child Development*, 31 (3): 1-65.

Sternberg R J. 1985. *Beyond IQ: A Triarchic Theory of Human Intelligence*. New York: Cambridge University Press.

Sternberg R J. 1990. *Metaphors of Mind: Conceptions of the Nature of Intelligence*. New York: Cambridge University Press.

Tucker C J, Marx J, & Long L. 1998."Moving On": Residential Mobility and Children's School Lives. *Sociology of Education*, 71 (2): 111-129.

United States General Accounting Office. 1994. *Elementary School Children: Many Change Schools Frequently, Harming their Education*. Washington, D. C. : U. S. Government Printing office: 7-17.

Vernon P E. 1960. *The Structure of Human Abilities*. London: Methuen.

Walker S P, Wachs T D, & Gardner J M, et al. 2007. Child Development: Risk Factors for Adverse Outcomes in Developing Countries. *The Lancet*, 369 (9556): 145-157.

Watson J B. 1930. *Behaviorism*. Chicago: University of Chicago Press.

Winkler D R. 1975. Educational Achievement and School Peer Group Composition. *Journal of Human Resources*, 10 (2): 189-204.

Wood D, Halfon N, & Scarlata D, et al. 1993. Impact of Family Relocation on Children's Growth Development, School Function, and Behavior. *Journal of the American Medical Association*, 270 (11): 1334-1338.

Xu H W, Xie Y. 2015. The Causal Effects of Rural-to-Urban Migration on Children's Well-being in China. *European Sociological Review*, 31 (4): 502-519.

参
考
文
献

后　记

　　本书是我生平的第一部所谓"著作"，由于写作经验不足，时常有忐忑不安之感。好在并非平地起高楼，博士毕业论文的铺垫，使我对书的质量稍稍有了些"底气"，尽管修改订正的过程一点儿也不轻松。

　　由于本书脱胎于我的博士毕业论文，因此后记中首先要感谢的就是在论文写作过程中给予我诸多帮助的诸位师长、同人。

　　论文倾注了导师刘精明教授的诸多心血。当初选择这个研究问题，一方面是兴趣使然，更重要的是与当时参与的大型综合调研项目"中国城镇化与劳动移民研究"相契合。"中国城镇化与劳动移民研究"课题有专门的"城镇化对儿童成长发展影响"调查模块，对城镇化背景下的中国劳动移民与儿童成长发展有着较为系统的关注。作为少数几个全程参与了该课题调研活动的博士研究生之一，自然"近水楼台"，于是就在入学之初即调研刚刚全面开展阶段，就"匆忙"向导师汇报了我的选题方向，颇有些向参与调研并打算使用此数据进行论文写作的博士研究生宣告"势力范围"的意味！

　　选定"劳动移民与儿童成长发展"的研究方向后，才发现这是一个极为庞大的领域，自己能够把握且在一篇博士论文中所能关照的可能仅仅是其中的若干狭小地带，这打消了与人选题冲突的"担忧"，也使我静下心来仔细研读已有文献并逐渐将视野聚焦于儿童成长发展的认知方面。但即使有了更为具体的关注，也发现存在许多困难。最大的困难在于，解决这一跨学科的课题，不仅需要社会分层与流动的知识，也需要对认知发展理论的深刻把握，而如何在两领域间建立关联，确实在我能力之外。除此之外，为确证因果关系选择使用何种模型也深深地困扰着我。庆幸的是，导师刘精明教授总能在我最困顿的时候给予最恰当的指导，使我在这一课题领域内不断前行。可以说论文从选题细化、行文思路，到初稿之后的修改、语句修饰、观点提炼、理论升华，都倾注了刘老师大量心力，特别是为解决数据分析的技术性问题，刘老师还专门请来了国内专家进行专题性讲解。刘老师对学术的热情与执着，以及待人接物的和蔼与认真，我将深深铭记于心。他的言传身教将使我终身受益。

论文使用的数据，来自清华大学中国经济社会数据中心李强教授主持的"中国城镇化与劳动移民研究"课题。读博期间，我还有幸参加了李老师的多项研究课题，这一方面丰富了调研经验，开阔了视野；另一方面为写作提供了数据资料。事实上，我得以顺利完成博士毕业的论文发表任务很大程度上就依赖于这些数据资料的支撑。李老师还参与了我的博士论文开题、中期检查、预答辩过程，并提出了许多改进意见。借此机会，向李老师表达深深的感谢。

罗家德教授、王天夫教授、孙凤教授、李煜教授、于显洋教授、夏建中教授、郑路副教授在论文开题、预答辩、答辩或写作过程中给予了许多宝贵的建议和意见；张春泥老师的"倾向值匹配方法"专题讲座，及时提供了论文写作的重要技术帮助；此外，在 2015 年 7 月于长沙举办的中国社会学年会社会分层与流动论坛上，吴愈晓教授对我宣读的以博士论文为基础的修改论文进行了点评，提出的意见和建议对论文的改进有着很大的帮助。这些我至今都记忆犹新，在此深表谢意。

感谢"中国城镇化与劳动移民研究"项目组、清华大学中国经济社会数据中心的同事、同学，和他们一起调查、研讨的日子将是我一段美好的回忆。还记得 2012 年临近春节还在深圳与东南大学洪岩璧副教授、清华大学中国经济社会数据中心滕怀文干事整天走街串巷的狼狈与充实，还记得在调查最忙碌的日子里清华明斋一楼调研中心的争论与欢笑，还记得在贵州雷山县坐摩托车去调查村庄时路过的连绵不断的山峰……

感谢参与贵州省调研的西北民族大学学生俞敏、陆廷舒、孙伟、薛茂林、金河、聂毅、王正珍、王封霞、卢昭梅、石盛颖等，正是他们的不懈坚持使得调研任务圆满完成。特别是俞敏、陆廷舒、孙伟还参与了广东珠江三角洲的调研。如今他们已走向了工作岗位，祝他们事业有成、幸福快乐。

感谢同门的兄弟姐妹曾迪洋、马应征、吕鹏、朱美静、沈纪、曹谦、童毅炜、吴寒，每周的研讨会都使我受益匪浅，他们在生活上也给予我诸多照顾，望师弟师妹们继续坚持读书研讨会，也祝他们生活快乐。

感谢同窗好友张弛、张冲、李振锋、王欧、王海宇、廖幸谬、马廷魁、窦学伟、王昊、王飞、帅满、赵丽鹏、宋琦、石涛、代玉，和他们把酒言欢，研讨交流，带给我轻松快乐，他们的优异表现，促使我更加努力。还有许多同事、同学、好友对我的论文写作提供了直接或间接的帮助支持，在此无法一一列举，一并感谢。

论文答辩距今已两年有余。在修改订正过程中也发现了一些令人汗颜的简单错误，但反复细读旧文，发现原来的解决研究问题的思路是可行的，方法与结论也是经得起检验的，即使在这两年中数据又有更新补充，但新数据的结果仍然与原数据一致，这也是我坚持在书中使用原数据的主要原因。另外，第二章留守儿童研究综述的简写版曾在学术刊物上发表过；第七、八、九章的部分内容也曾发布于学术刊物上。当然，由于水平所限，论文及书稿虽经过多次修改，也无可避免地还会存在一些问题，所有这些问题都由本人承担。

还要特别感谢兰州大学的冯世平教授，13年前有幸进入冯老师门下攻读社会学硕士学位，期间经受了社会调查的一系列"严苛"训练，特别幸运的是，这些以项目为基础的训练几乎涉及了社会调查研究的所有环节。当初关键调查环节反复"打磨"的痛苦逐渐转化为今日对社会调查的"信心"，才知道适逢其时训练的弥足珍贵。时至今日，冯老师仍然每年都会带领学生深入一线收集数据资料，调查年年都有变化，也岁岁都无变化，变化的是调研课题、调研人员，不变的是认真负责的态度。向冯老师及冯老师这样的社会调查人员致敬，正是他们的组织协调、严格把关、坚持努力，才使广大研究者得到坚实可信的数据资料。

书稿还得到了科学出版社苏利德编辑的大力支持，他严谨认真的工作作风、工作态度，为本书的进一步完善提供了实质性帮助。在此表达真诚的谢意。

最后要感谢我的父母和妻子，父母期望的眼神与默默支持，永远是我前进的动力。读博期间，妻子为家庭付出了太多，除繁忙的工作外，还要照顾年幼的儿子，照看生病的岳父，个中辛苦，很难体味。让我在此表达一下对他们的感激吧。

闫伯汉

2017年7月2日于甘肃兰州